「ゴールデン・ディスタンス」を見つけよう！

振り幅を考えず、気持ちよく振ったときに飛ぶ距離「ゴールデン・ディスタンス」を距離感の基準にしよう

ボールが集まった「結果」の距離を計測して、ゴールデン・ディスタンスを算出

あなたのゴールデン・ディスタンスは「何時」？

ゴールデン・ディスタンスの振り幅をチェックし、振り幅を「意識化」することが大事

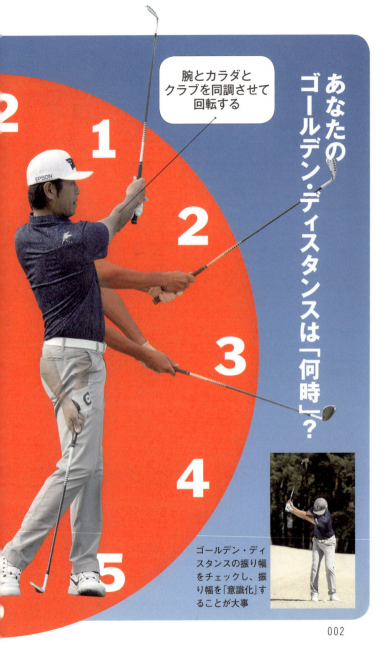

アプローチの距離感は時計のように機械的に

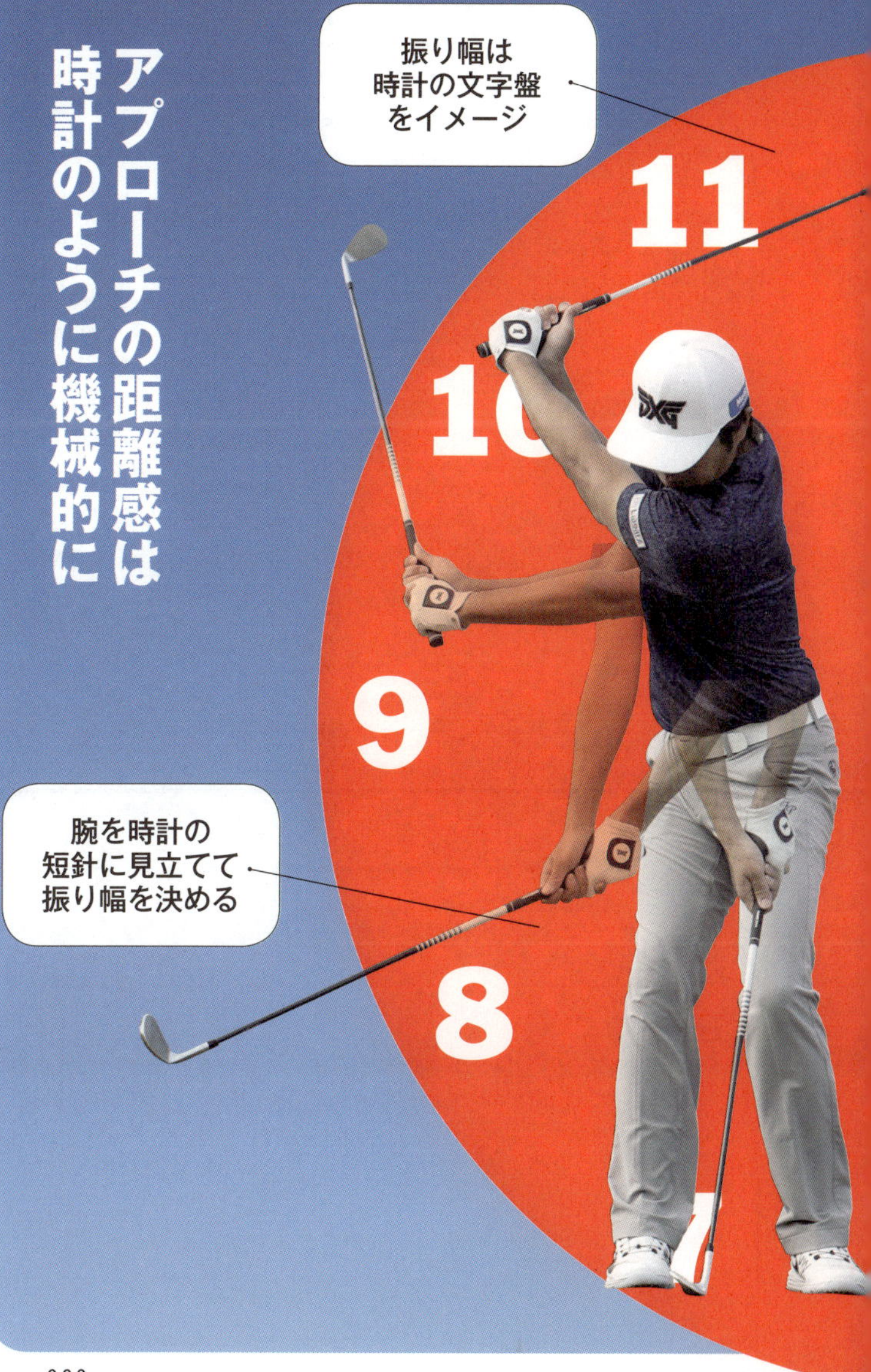

距離感は〝球の高さ〟でイメージしよう

距離＝高さ別に空を色分けするイメージ

アプローチでは、飛距離と球の高さは比例する。飛距離を球の高さで考えて空中に帯状に色分けし、そのどこまで打つかイメージしてみよう

ミスの原因❶インサイドバック

インに上げるとダフリやすい

アプローチのミスの最大の原因は、バックスイングがインサイドに上がること。ヘッドを真っすぐ後方に上げるようにバックスイングしよう

ミスの原因❷ 手首のゆるみ

手首がゆるむとインパクトがズレる

飛ばす必要のないアプローチでは、手首のゆるみは再現性を損ねる原因となる。手首を固めて使い、インパクトでアドレスを再現する感覚でスイングしよう

ミスの原因❸ フェースオープン

アドレス以上にフェースは開かない

スイング中にフェースが開くと、ダフリやシャンクなどさまざまなミスが出る。スイング中、フェースは閉じることはあっても開くことはない

「ザックリ」はバウンスが邪魔して起こる

バウンスが当たるとヘッドが急減速する

フェースがボールと接触するよりも先にバウンスが地面に当たってしまうと、ヘッドが減速してザックリする。リーディングエッジが刺さっているわけではない

ウエッジの機能はソールでわかる

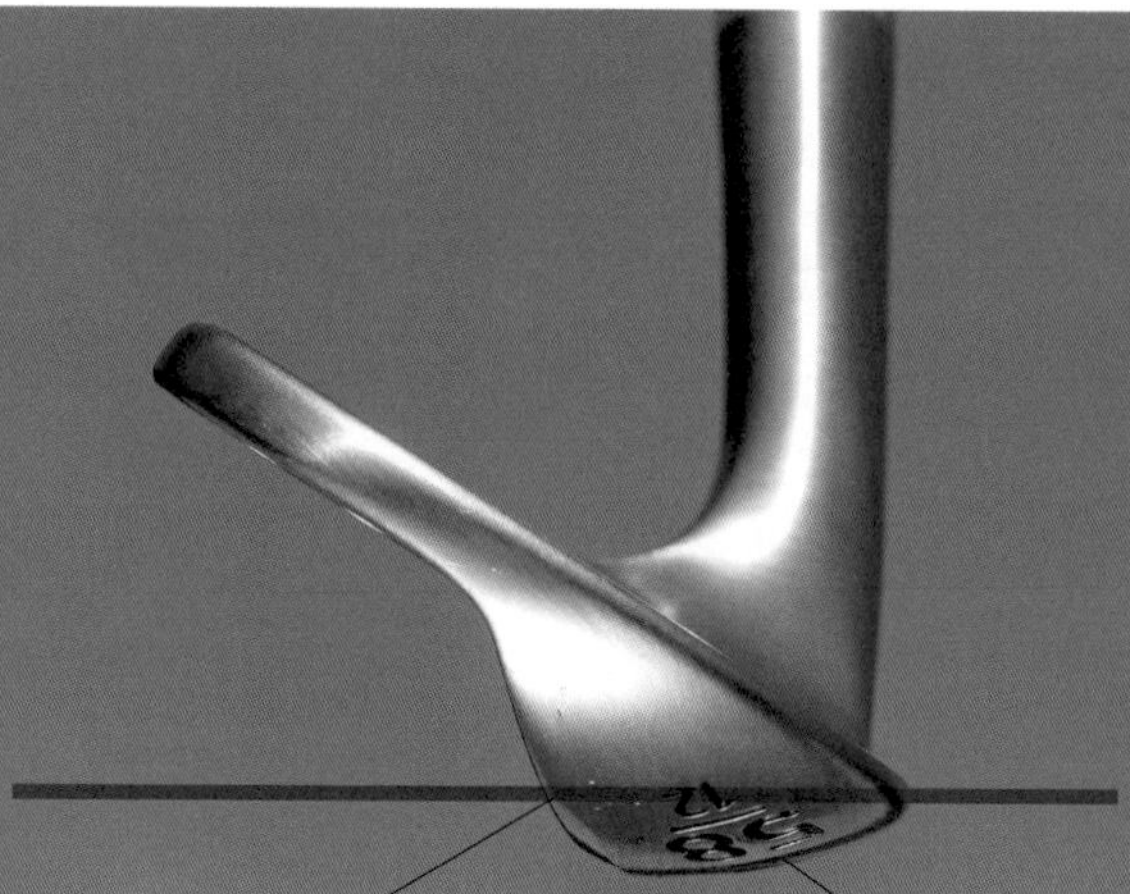
バウンスが多いほうがバンカーがやさしい
丸みのあるバウンスはダフリを防いでくれる

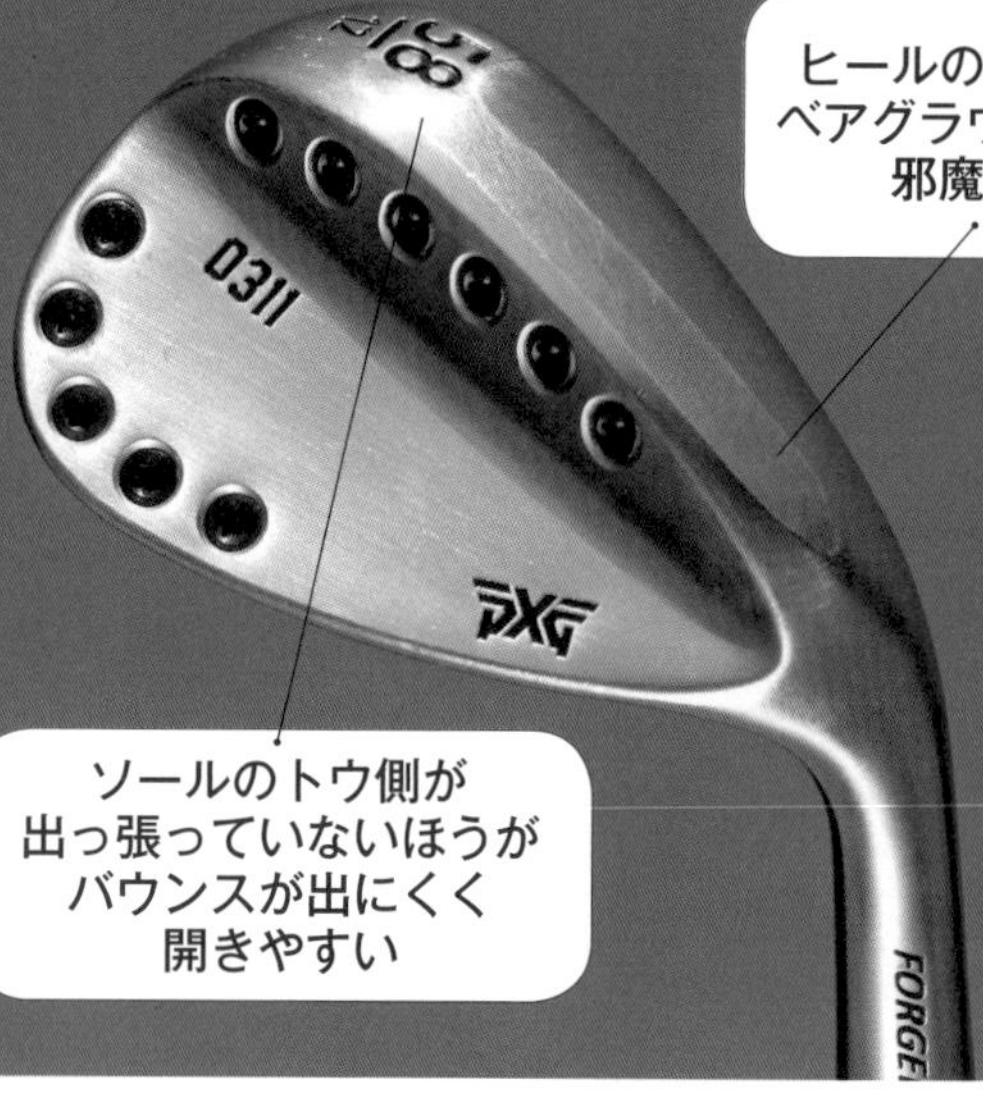
ヒールのバウンスはベアグラウンドなどで邪魔になる
ソールのトウ側が出っ張っていないほうがバウンスが出にくく開きやすい

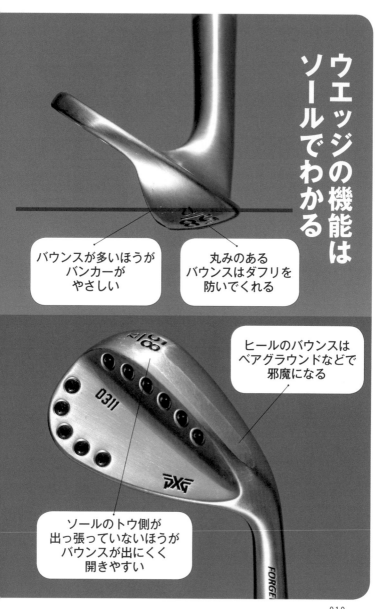

“顔”もウエッジの大事な機能

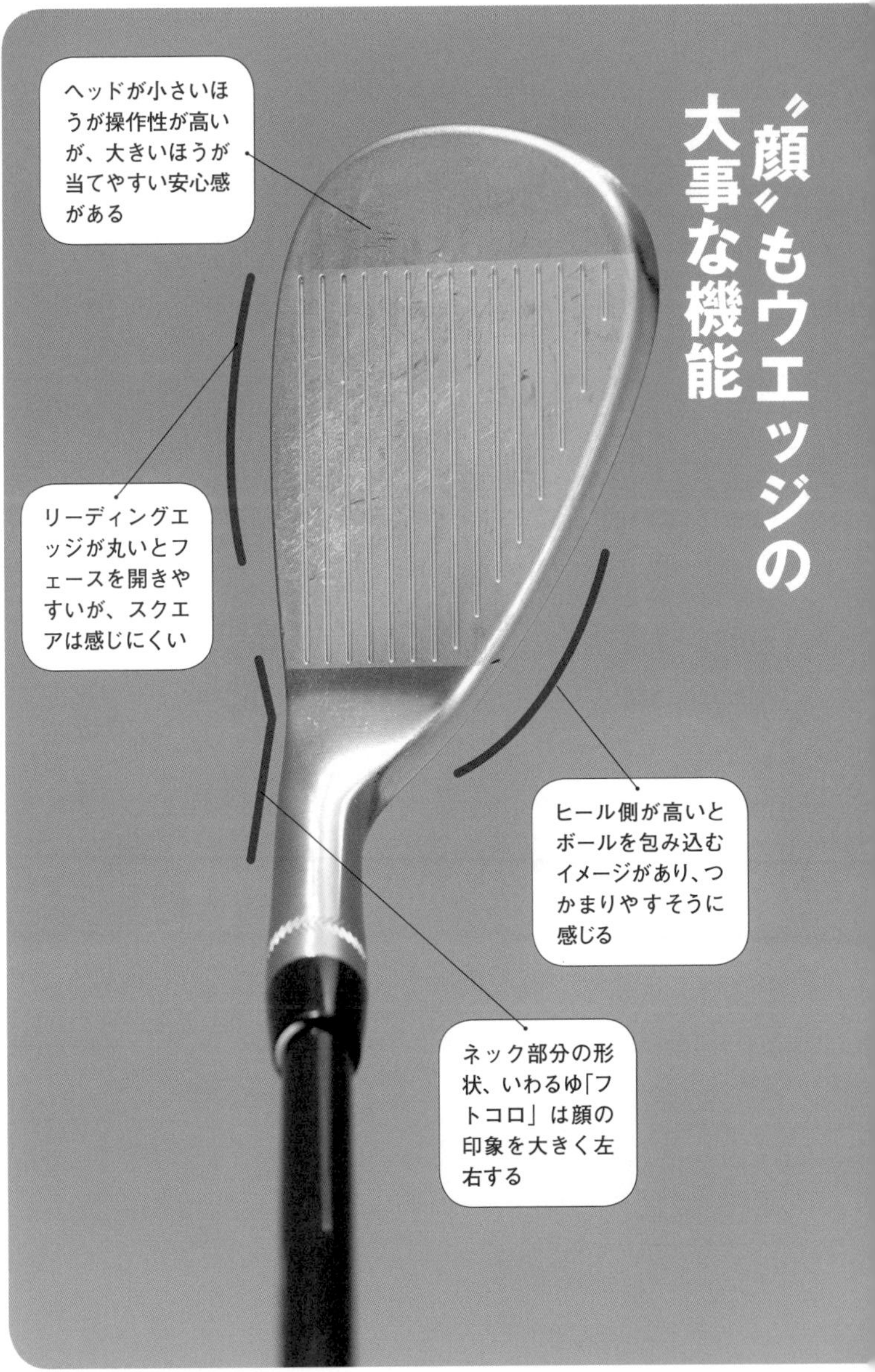
ヘッドが小さいほうが操作性が高いが、大きいほうが当てやすい安心感がある
リーディングエッジが丸いとフェースを開きやすいが、スクエアは感じにくい
ヒール側が高いとボールを包み込むイメージがあり、つかまりやすそうに感じる
ネック部分の形状、いわるゆ「フトコロ」は顔の印象を大きく左右する

バンカーショットはややインサイド・アウト

カットに振ると砂を前に飛ばせない

バンカーショットは、バウンスが砂を前に飛ばす力でボールを飛ばすため、ゆるやかな入射角で打ちたいが、カット軌道では鋭角になりヘッドが砂に潜ってしまう

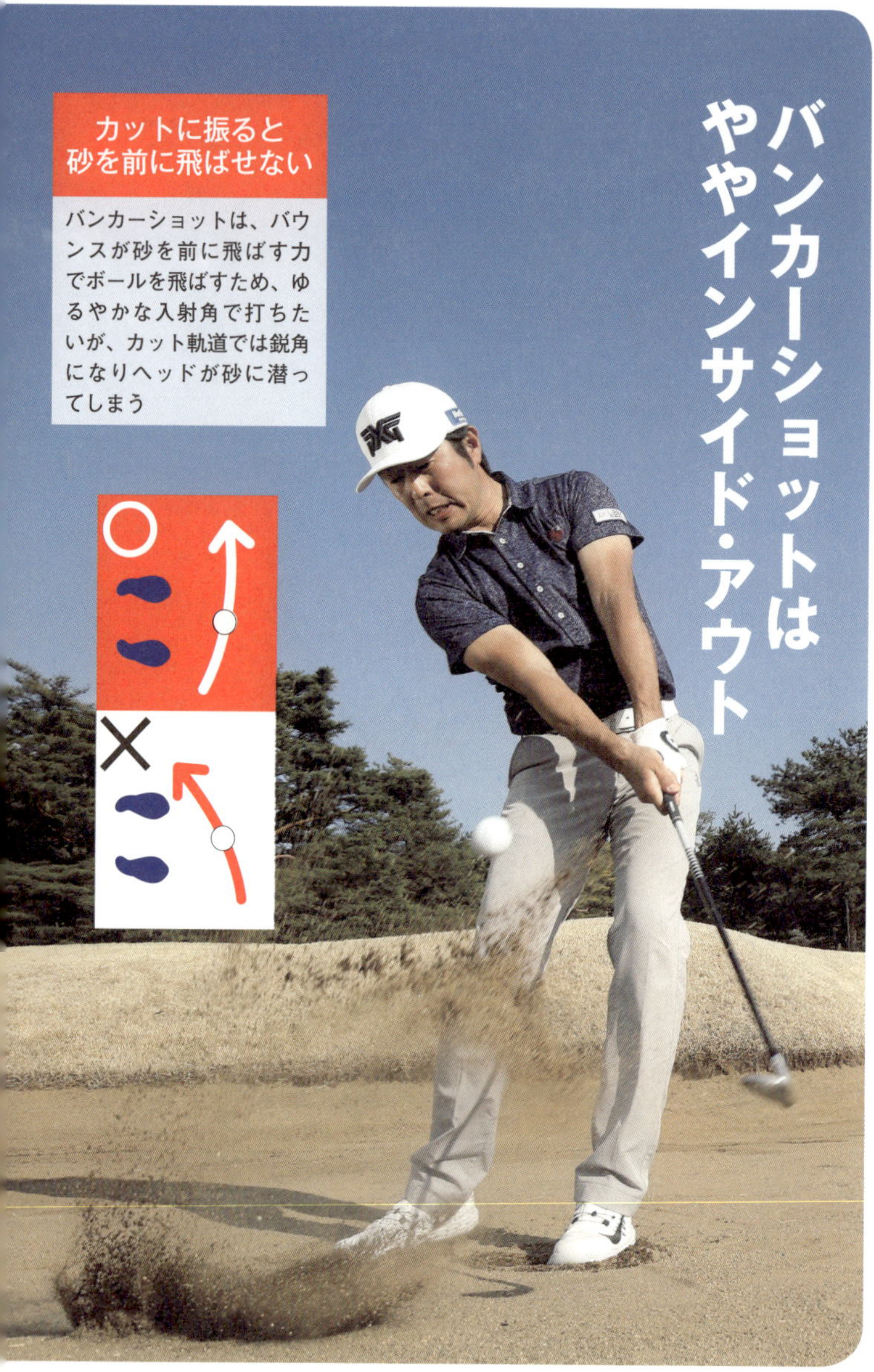

ソールは意外に手前から接地する

ゆるやかな入射角でかなり手前から接地

ゆるやかな入射角でスイングすると、ウエッジのバウンスはボールよりかなり手前から地面に接触する。ボールの手前ギリギリに上から打ち込むのではない

「あそこに打ったら何打になる？」を考えよう

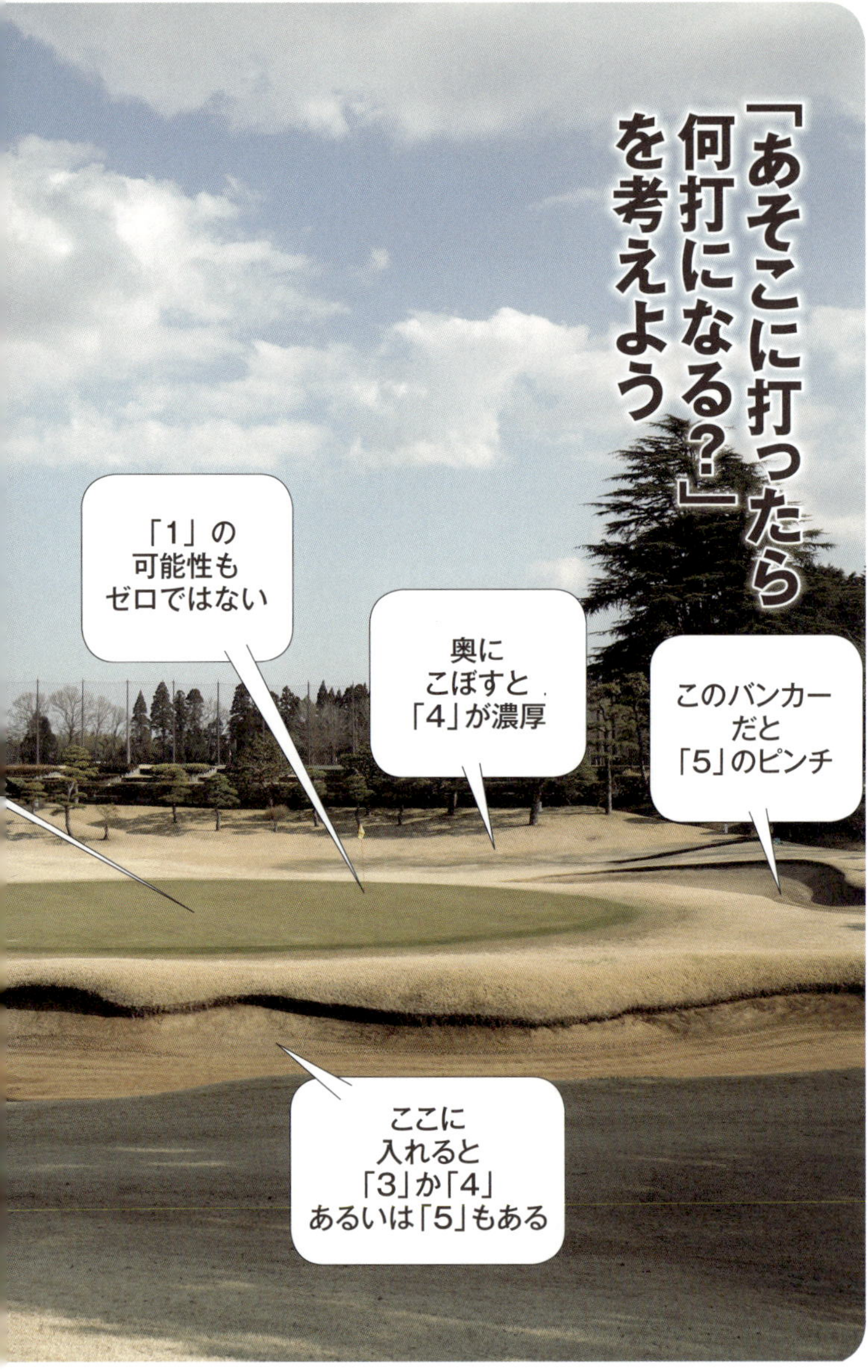

「最高」を狙うより「最悪」を避ける

ピンだけを見て最高の結果を狙うと、失敗したときに最悪の結果を招く危険もある。平均スコアをよくするには「最悪」を避けるマネジメントが必要

起こり得るミスを打つ前に想像しよう

ここから打ったら何が起こるか

ボールのライやグリーンの状況、自分の技量などから、その打ち方、狙い方をするとどんなミスが出るかを予測し、打ち方、狙い方をチョイスする

ピンに寄せるためにエッジギリギリを狙ってショートしたら、戻ってきてしまう
ピンオーバーを覚悟してグリーンオンを優先すれば、ミスしても大叩きはしない

アプローチ&バンカー自由自在!

ザ・ウエッジ・バイブル

THE WEDGE BIBLE

プロゴルファー
石井 忍 著
Shinobu ISHII

はじめに

こんにちは、プロゴルファーの石井忍です。

本書はショートゲーム、なかでもウエッジを使った距離の短いショットにフォーカスしたレッスン書です。ウエッジゲームはゴルフのなかでも比較的地味なテクニックですが、スコアメイクのうえでは非常に大きな役割を担っており、100切りを目指す人にとっても、70台でまわる人にとっても、レベルに関係なくとても重要な意味をもっています。

みなさんは、普段のゴルフで自分のパーオン率がどのくらいかご存知ですか？　パーオン率は、レギュラーツアーの上位選手でさえ6〜7割。アマチュアであれば、トップアマレベルでもそうそう5割は超えないでしょう。平均スコアが100程度の人ならせいぜい2〜3割。1ラウンドでパーオンしたホールが2つか3つということもめずらしくないはずです。

だとすると、残りの10〜15ホールはウエッジを使ってグリーンを狙っていることになります。しかも、パーオンしたホールは悪くてもボギーくらいには収まるわけですし、パッティングも4パットするようなことはそれほど多くなく、悪くても3パットくらいで収まっていることを考えれば、**OBやハザード以外での大叩きの多くは、このウエッジゲームで発生している**と言えるのではないでしょうか。

私は、ラウンドレッスンで指導する際、生徒たちに100ヤード以下のショートゲームのスコアをつけさせることがありますが、90~100くらいのスコアでまわる人であれば、1ラウンドのなかで100ヤードを切ったところから4打、5打と叩いてしまうホールが、必ず1つ、2つあります。

最近のラウンドを思い出してみてください。60~70ヤードのコントロールショットがグリーンに乗らず、さらにそこからのアプローチが寄らず2パットの4打とか、40~50ヤードからウエッジでトップやザックリのミスをし、結局5、6打かかってしまったホールがあるのではないでしょうか。

またそういった大叩き以外でも、グリーンエッジから寄せられずにパーセーブのチャンスを逃したり、バンカーからうまく脱出できなかったりしてスコアを崩している場面は多々あるはずです。

アマチュアゴルファーのプレーを見ていると、こういったウエッジの守備範囲でのスコアの取りこぼしが非常に多く、そこを見直すことで大きくスコアアップできる人がたくさんいます。

上達のためにスイングを直そうと思ったら、多大な労力と時間が必要で、しかもスイングがよくなったからすぐにスコアがよくなるというものではありません。しかし、ウエッジワークのレベルアップは、スイング改造ほどの大手術は必要なく、はるかに短時間で確実にスコアアップにつながります。なぜならウエッジワークは、比較的小さな動きであるため、動きの方向やコツを理解したり余計な動きを抑えたりするだけで、精度や再現性が大きくアップしやすいうえ、構えや考え方を見直すだけで得られる効果もロングショットに比べて大きいのです。

本書では、技術的な細部についてはそれほど細かく説明しません。ウエッジゲームの「打つ技術」というのは、ショットほどの飛距離を出さなくていいため、シンプルでそれほどむずかしくないからです。本書は、それよりも**「どのように考えるべきか」という基本的な概念や思考プロセス**などに重きを置いて説明しています。

というのも、1つのスイングをしっかりと身につければあとは距離に応じて番手を変るだけのフルショットは違い、さまざまな距離をいろいろな弾道で打ち分けなければならないウエッジゲームにおいては、100通りの状況に100通りの打ち方があります。当然、それを丸暗記しようとしても追いつきませんから、適切な答えを導き出すための「公式」とも言うべき基本概念を理解することが重要なのです。そこを理解できれば、状況に応じて「どうすればいいのか」はおのずとわかってきます。

本編内でも述べますが、ウエッジゲームの上達を目指すのであれば、**感性を捨ててマシーンになる**ことを目指してください。中途半端な距離のピンを狙ったり、状況に応じていろいろな球を打ち分けるウエッジゲームは、感性が大きな部分を占めていると思っている人が多いのですが、実はそうではありません。**正確性と再現性の高い機械のような動きこそがすべて**の土台となり、それがあってはじめて「公式」を当てはめることができる。本書を読み進めるにあたっては、そのことを念頭に置いていただければ幸いです。

プロゴルファー　石井　忍

ザ・ウエッジ・バイブル

アプローチ&バンカー自由自在!

THE WEDGE BIBLE

CONTENTS

目次

第2章 ウエッジワークのキモ「距離感」

第3章 ミスはどうして起こるのか？

編集協力　鈴木康介
写真　小林　司
装丁・本文デザイン　鈴木事務所
DTP　加藤一来
取材協力　袖ヶ浦カンツリークラブ

第1章

ウエッジワークの基本「2つのアプローチ」

アプローチには〝長〟と〝短〟2つの打ち方がある

ウエッジゲームを考えるとき、その打ち方は大きく2つに分けられます。

1つは**30〜40ヤード以下の短い距離のアプローチ**、もう1つは**それ以上の長い距離のアプローチ**。私はこれらをそれぞれ**「ショートアプローチ」「ロングアプローチ」**と呼び、技術的に分けて考えています。この2つには共通の要因もたくさんありますが、ボールを打つ技術としては違ったものが求められるのです。

30〜40ヤード以下のショートアプローチは、ボールを遠くに飛ばす必要がありません。そのため、体重移動や上半身と下半身の捻転などの飛ばすための要素を排除し、**できるだけ再現性が高く精密な動き**を目指します。

一方のロングアプローチは、もう少し長い距離を打たなければならないため、少々の体重移動や上下の捻転は起こります。しかし、**それらを必要最小限に抑えて正確性の高いスイング**を目指します。ここに2つの技術の違いがあるのです。

30~40ヤード以下　ショートアプローチ
飛ばす必要がないため、
正確性と再現性を最重視

40ヤード以上　ロングアプローチ
ある程度の飛距離を出しつつ、
高い正確性を確保

ショートアプローチはパッティングの延長

飛距離を出す必要がないショートアプローチは、パッティングの技術の延長です。小さい振り幅の所要時間の短いスイングのなかで体重移動をしたりフェースの開閉を行うと、インパクトまでにそこに戻すのがむずかしく、再現性を損ないやすいのですが、**パターのようなストレート・トゥ・ストレートの軌道なら、正確でリピータブルな動きが可能**です。

再現性を高めるためには、アドレスでインパクトの形をあらかじめつくっておき、動かす部分を極力減らすこと。**フェースローテーションも体重移動も行わず、手首も固めて肩のストロークでスイング**するイメージです。アドレス＝インパクトの形だけはウエッジにふさわしい形にしますが、動きの基本はパッティングと同じです。

このような動きでは大きな振り幅でスイングすることができないため、ＳＷで30～40ヤード打つのが限界です。逆に考えれば、パッティングのような動きで振れない距離を打つ場合に、ロングアプローチのスイングが必要になるのだと考えてください。

パッティングのようなショルダーストロークで、肩をタテ回転させてスイング
EPSON
ヘッドは真っすぐ引いて真っすぐ出す。フェースの開閉も極力抑えて振る
若干のフットワークは発生するが、飛ばす必要がないので体重移動は不要

30ヤードのショートアプローチ

バックスイング同様に肩をタテ回転させて、ヘッドを真っすぐ出していく

若干のフットワークは発生するが、意識的な体重移動はせず「その場で」振る感覚

体重移動をせず小さく正確に振る

パッティングよりも大きな振り幅になるぶん、カラダの動きは少し大きくなるが、上下の捻転は使わずにクラブをストレート・トゥ・ストレートに動かしてパターのように振りたい

ボール位置は右足カカト内側（ライがよければ中寄り）。左足を少しだけ下げてオープンスタンスに構える

アドレス時の体重配分を変えず、肩をタテに回してヘッドを真後ろに引いていく

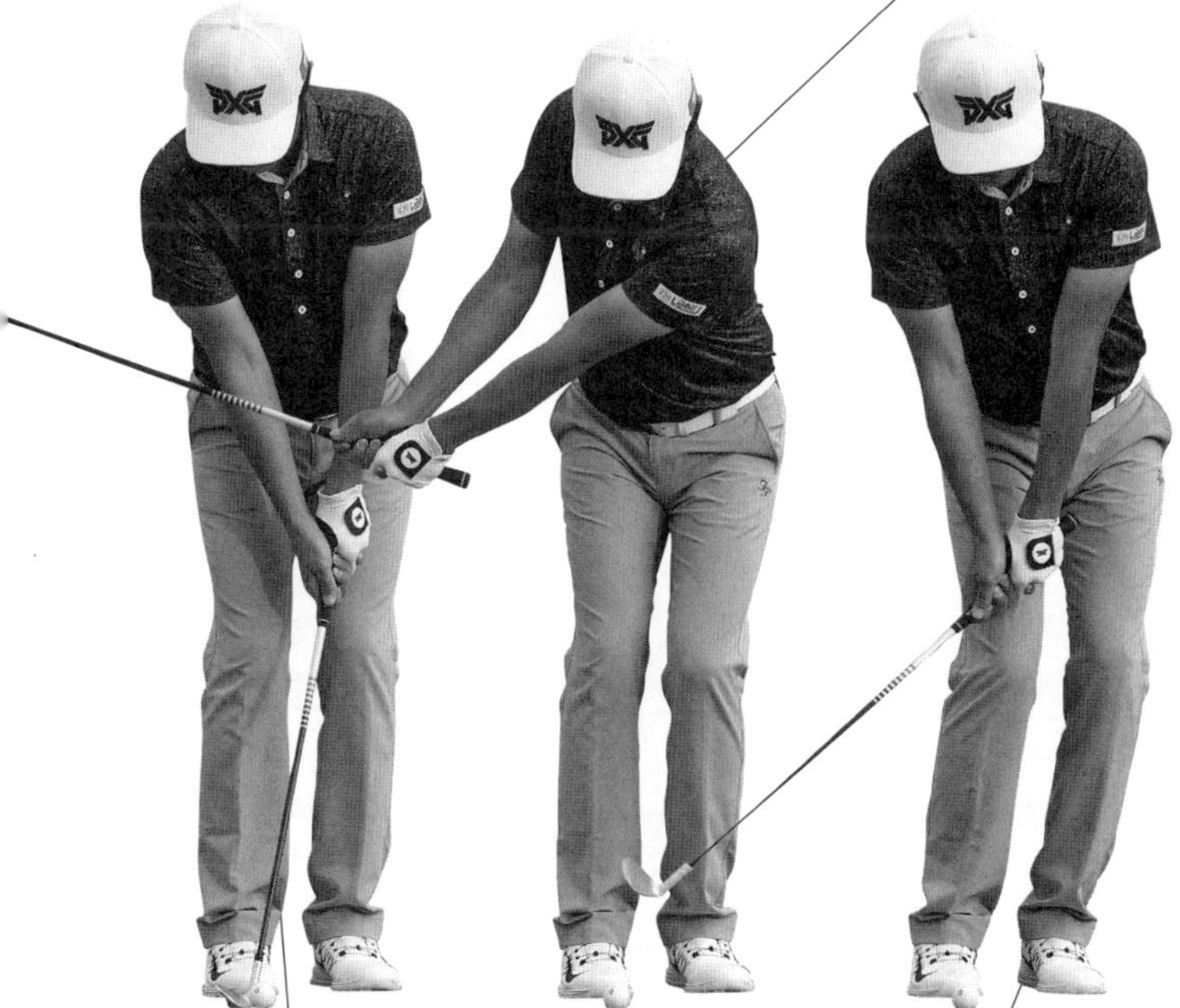

右ヒジをカラダに近づけてカラダの右サイドを安定させ、右手、右足で構える感覚

手首の角度をキープし、バックスイングと同じ軌道をなぞるように下ろしてくる

ショートアプローチは手首を固めて〝振り子〟で打つ

ショートアプローチの基本は、パターのような「振り子」です。しかし、ウエッジの場合はクラブの機能がパターと異なりますので、そのための構えや動きが若干異なるのと、パターよりも大きめの振り幅でスイングしたいため、若干のフットワークが生じます。

スイングの支点はみぞおちあたり。左肩からクラブヘッドまでの関係をアドレスの状態から崩さずに、胸の回転でスイングするイメージをもってください。胸板と、そこから出ている腕、クラブが一体となって動く感覚です。とくに、ワキや手首のゆるみは厳禁。右手首の角度、左腕とクラブの角度を固めたままスイングしましょう。

体重移動はしませんが、**ヒザをやわらかく使うことでスイングをスムーズにする**必要はあります。両ヒザの面を少しだけヨコ回転させるようなイメージをもつとよいでしょう。

ショートアプローチのスイングは、みなさんが思っているよりもかなり窮屈です。加速・減速のない等速、等圧の動きで左右対称のスイングを心がけてください。

右手首の角度を保ったまま振る

スイング中の手首のゆるみは厳禁。とくに右のヒジと手首は、アドレス時にできた角度を崩さずに振る

胸を支点に左腕とクラブを一直線に保つ

「振り子」の支点はみぞおち付近。胸板と左腕、クラブを一体にして動かそう

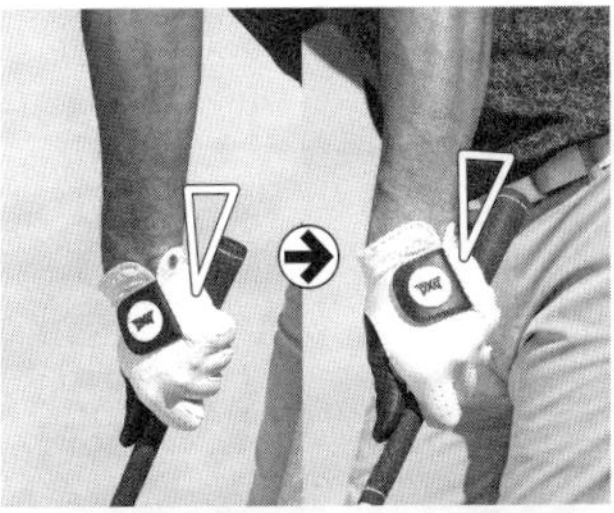

グリップエンドと左腕の“三角形”をキープする

左手首の基準は、グリップエンドと左腕の隙間。上の写真の三角形を崩さずに振ろう

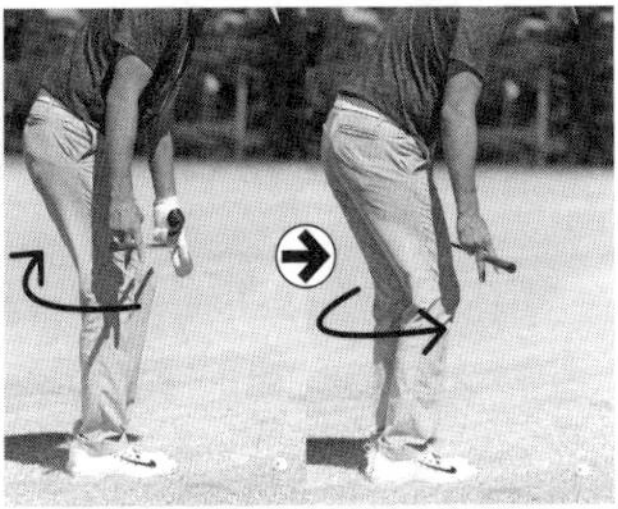

ヒザをやわらかく使ってスイング

体重移動はしないが、ヒザを小さく水平回転させるようなやわらかいフットワークでスイングしたい

ロングアプローチはショットの延長

ショートアプローチのようなパッティング感覚のストロークは、カラダを固めて使うため大きな振り幅でスイングできないので、打てる距離は30～40ヤード程度が限界です。そのため、それ以上の距離を打つ**ロングアプローチはショット的、つまりショートアプローチに比べるとフラットにスイングする**必要があります。

ショット的な動作には、体重移動や上下の捻転、フェースと腕のローテーションなどが生じますが、これらを通常のショットのように行ってしまうと、正確性や再現性を確保できません。そのため、**ショットの延長線上でスイングしつつ、体重移動やフェースと腕のローテーションを「抑える」感覚が必要**なのです。フルショットの距離を出さなくていいぶん、飛ばしの要因を減らして、正確性を高めるのだと考えてください。

これらが「起こる」ことを理解しながらも、「抑える」ようにスイングする。この感覚がロングアプローチのキモと言ってもいいかもしれません。

フェースや腕のローテーションは自然に「起こる」が、「抑える」意識が必要
手元をカラダの正面にキープしたまま、腕やクラブと胸板が同調して動く
体重移動を抑えてスイングした結果、自然と「起こる」という感覚

70ヤードのロングアプローチ

手首の動きやフェースローテーションを抑え、ヘッドはあまり走らせない
手元をカラダの正面にキープしたまま、しっかりカラダを回して振り抜いていく

ショートアプローチにカラダの回転をプラス

手首の動きやフェースローテーション、体重移動は抑える感覚だが、カラダの回転をしっかり使って大きな振り幅で振るぶん、ある程度は自然と起こり、ショット的な動きになる

重心をセンターより少し左に意識し、若干ハンドファーストに構える
重心位置をアドレスの位置に置いたまま、その場で回転するようにバックスイング
軸をキープしたまま腰が回転してダウンスイング。タメなどをつくる意識はない

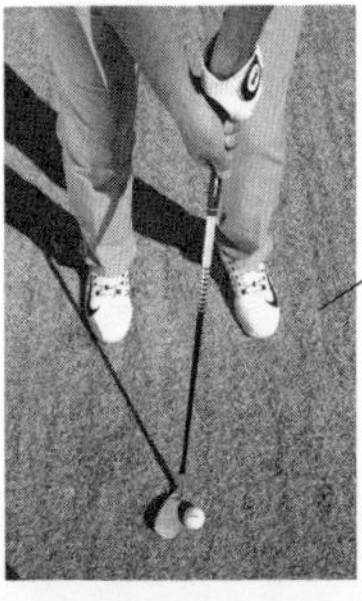
スタンスやフェースはほぼスクエア。ボール位置は左ほほの前くらいにセット

ロングアプローチは軸を保って〝その場〟で振る

ロングアプローチは、通常のショットのようなプレーンでスイングしますが、フルショットよりも体重移動を抑え、その場で回転する感覚が必要です。

基本的には、ショートアプローチの場合と同様に、胸板と腕、クラブを同調させてスイングしますが、このとき、**アドレス時にできたノドと左ヒザの内側あたりを結んだ線に軸を意識し、そこに沿って回転**します。この軸は正面から見ると少し左に傾いていますが、右体重にはならず、真ん中より少し左寄りに重心を置くようにしましょう。

ショートアプローチとは異なり、腰の回転を使ってカラダを回していきますが、**あまり強く腰を切る感覚はなく、静かでおだやかな回転をイメージ**してください。

そして、通常のショットよりも手首の動きや腕のローテーションを抑えてスイングすることで、フェースの開閉量を小さくし、方向性を高めるとともに、飛びすぎなどのミスを防ぎます。

その場で腰を回転させる感覚

その場で腰を回すような感覚で回転し、カラダを左右に揺さぶらないように注意

胸板と左腕とクラブを同調させて回転する

胸の面と左腕、クラブを同調させ、カラダをしっかり回転させてスイングする

中心よりも少し左の軸をキープして打つ

ノドと左足内側を結んだラインに軸を意識し、アドレス時の傾きをキープして回転する。重心位置は真ん中より少し左寄り

フェースの開閉をショットよりも抑える

フェースの開閉を抑えることで方向安定性を高め飛びすぎのミスを防ぐ

30～50ヤードは長短の重なる部分

ロングアプローチとショートアプローチの境界線は、キッチリと線が引かれているわけではありません。ヘッドスピードやクラブのロフトにもよりますが、30～50ヤードくらいのゾーンはどちらのテクニックでも打てる距離です。

「どちらでも打てる」ということは、どちらで打てばいいか迷うということでもあり、だからむずかしくなります。実際、このくらいの中途半端な距離に苦手意識をもっている人も多いのではないでしょうか。打ち方の明確なイメージのないままスイングを開始するのはミスの原因になりますし、ショートアプローチの動きで必要以上に飛ばそうとしたり、反対にロングアプローチのスイングで小さすぎる動きをするのはとても危険です。

それを防ぐためにも、**自分のショートアプローチが何ヤードまで打てるのか、ロングアプローチでミスなく打てる最短距離はどのくらいなのかを、正しく把握することが重要です**。そして、目的と状況に応じて正しく使い分けるのです。

30ヤード
50ヤード

中途半端な距離をどう処理するか

ロングアプローチの動きで短すぎる距離を打とうとすると、ゆるんでダフりやすい
ショートアプローチの動きで無理に飛ばそうとすると、ダフリもトップも出る

どちらの打ち方でも打てる場合でも、どちらのほうがうまく打てるかを知り、正しいチョイスをすることが重要だ

ショートアプローチは数値化できる

ショートゲームは感覚的なものだととらえられがちですが、実際はそんなにアバウトなものではなく、きちんと数値化することができます。みなさんはショットのデータを計測する機会はあまりないかもしれませんが、データとその意味を知っておいて損はありません。

とくに重要なのが、**打ち出し角**。**SWでのアプローチの場合、スイングが一定ならだいたいどの距離を打つ場合でもボールの打ち出し角は30度前後にそろいます**。強く振ったときほど高く出ている印象があるかもしれませんが、実はそうではないのです。

距離を正確にコントロールするには、まずは**打ち出し角がつねに一定になるスイングを身につける**ことが肝心です。打ち出し角さえそろえば、あとは振り幅＝スイングスピードを変えるだけで距離がキチンと打ち分けられる。練習では、ただ狙った距離を打つだけでなく、打ち出し角をそろえることにも注力してください。

SWで30Yのピッチ&ランを打った場合の弾道例

ボール初速	17 ~ 18m/秒
打ち出し角	25 ~ 30度
バックスピン	5000 ~ 6000rpm

打ち出し角をそろえられれば距離もそろってくる

打ち出し角がそろっていれば、入射角やインパクトロフトがそろっている証拠。あとは振り幅だけで距離の調節ができる

アプローチに〝感性〟はいらない！

ここまで、アプローチの基本について説明してきましたが、精度の高いアプローチをするためには、**できるだけ機械的に、オートマチックな動きに徹し、高い再現性を確保することが重要です。**

まず、**ハッキリ言っておきたいのは「アプローチに感性はいらない」**ということです。

プロや上級者のなかには、微妙な距離感の調節やボールのコントロールには感性が不可欠で、振り幅などは考えたこともないと言う人も多くいます。しかし、そうは言っていても、実際のスイングを客観的に見てみると、打つ距離に対していつも正確に同じ幅のバックスイングをしている場合が多々あります。

練習量の少ないアマチュアほど、仮にいま「感性」で打っているつもりでも、無意識の動きを意識化し、自分がどのくらいの振り幅で振っているのかを把握するべきです。そのほうが自分でコントロールして応用することもできますし、困ったときの拠り所にもなり

感性に頼ってインパクトで微調整するスイングは、不確定要素が多くリスキー

ます。

また、実際に感性を生かしてインパクト前後で微妙な調節を行ってうまく打っている人もいます。しかし、**感覚による微調整、つまりインパクトでアジャストするスイングは、スイングに不要なアクションを加えることにほかなりません。**

しかもこういったアクションは往々にして連鎖し、たとえばインパクトでフェースの向きを微調整して打つためには、それが可能なように手首をゆるめたり、急に返したり、と無駄な動きは1つだけでは収まりません。そして、余計なアクションが多ければ多いほどスイングは複雑になり、ミスの要因を多く抱えるようになります。とくにプレッシャーのかかる状況では、そういった「ひと手間」が大きなミスの原因になるものですし、その蓄積はイップスをも誘引しかねません。正確性と再現性を高めるためには、その不要なアクションを極力減らしたいのです。

そのためにも、**セットアップ（構え）は非常に重要。うまい人ほど、アドレスの段階で「やるべきこと」を確定させ、ミスの起こらない状態をつくってしまっている**ものです。そこに感性はありません。あとは普通に振るだけ。いまある感性の要素を極力減らして、メカニカルな要因に置き換えていくこと。これこそが真のウエッジ巧者への道なのです。

THE WEDGE BIBLE

ザ・ウエッジ・バイブル

第2章

ウエッジワークのキモ「距離感」

距離感の基本はキャリーを重視する

ウエッジワークでは、距離感のコントロールが何より重要です。

通常のショットの場合、打ちたい距離に応じて番手を変えることで、いつも一定の振り幅でスイングできます。そのため、きちんとミートさえできれば距離の誤差が出にくく、そのぶん方向性や曲がりへの配慮が必要ですが、アプローチの場合は、2～3本のクラブでさまざま距離を打ち分ける必要があり、振り幅も一定ではありません。だからこそ、**アプローチでは、体重移動や上下の捻転を抑えた方向性重視のスイングをし、距離のコントロールに集中できるようにするわけです。**

距離感を磨くうえで重視するのは、あくまでキャリーの距離。落ちてからどのくらい転がるかは、グリーンの状態や傾斜、弾道などの影響が大きく、結果論的な要因です。まずは自分でコントロールできる部分であるキャリーの距離を、きちんと管理下に置くことが重要なのです。

アプローチの基本は「どこに落とすか」。重視するのはキャリーの距離だ

キャリーの距離は〝振り幅〟でつくる

第1章の最後にもお話ししましたが、アプローチはアバウトで狂いやすい感性を排除して、できるだけ機械的に行いたい。自分がいつも同じことを正確にできる「マシーン」になるのが理想なのです。

そのためにも、**距離感＝振り幅という方程式をしっかりと確立することが重要。**「SWでバックスイングを腰まで上げたら30ヤード」「肩まで上げたら50ヤード」というような基準です。

もしバックスイングの振り幅は意識せず、インパクトの「当《あ》て勘《かん》」で距離をコントロールするとしたならば、その「当て勘」はどのように表現しますか？　自分の内面にしかない「あのくらい」「このくらい」というものにしかなりません。そういった**内面の感覚というのは、自分ではハッキリしているつもりでも意外に狂いやすく、客観的に確認できないぶん調整もむずかしい**ものです。毎日たくさんの練習ができる人なら、毎日それを確認し、そのなかで少しずつアジャストしていけるかもしれませんが、練習量が限られる普通のアマチュアにとっては得策とは思えませんし、私は毎日練習できるプロであってもすすめません。

「振り幅なんて考えていない」という上級者は多いでしょうが、そういう人も動画や写真で確認してみると、実際はそのように打っているものです。それならば、その**振り幅をきちんと意識し、意図的にできるようになったほうがいい**のは明白です。まして、上達を目指してこれから距離感を磨いていきたいのであれば、考えずにやってしまうことにメリットはありません。

使い古された表現ではありますが、**振り幅はアナログ時計の文字盤をイメージするとよい**でしょう。スイングは、正面から見ると手元やクラブヘッドが円を描くように動くのでイメージしやすいですし、1周を12等分するくらいの目盛り感は、細かすぎず粗すぎず、ちょうどいい塩梅です。

時計の針に見立てるのは、クラブよりも意識しやすい腕がベターです。基本はバックスイングとフォローが左右対称ですが、とくに意識するのはバックスイング側。**「どこまで上げるか」が重要**です。

振り幅は時計の文字盤のように管理する

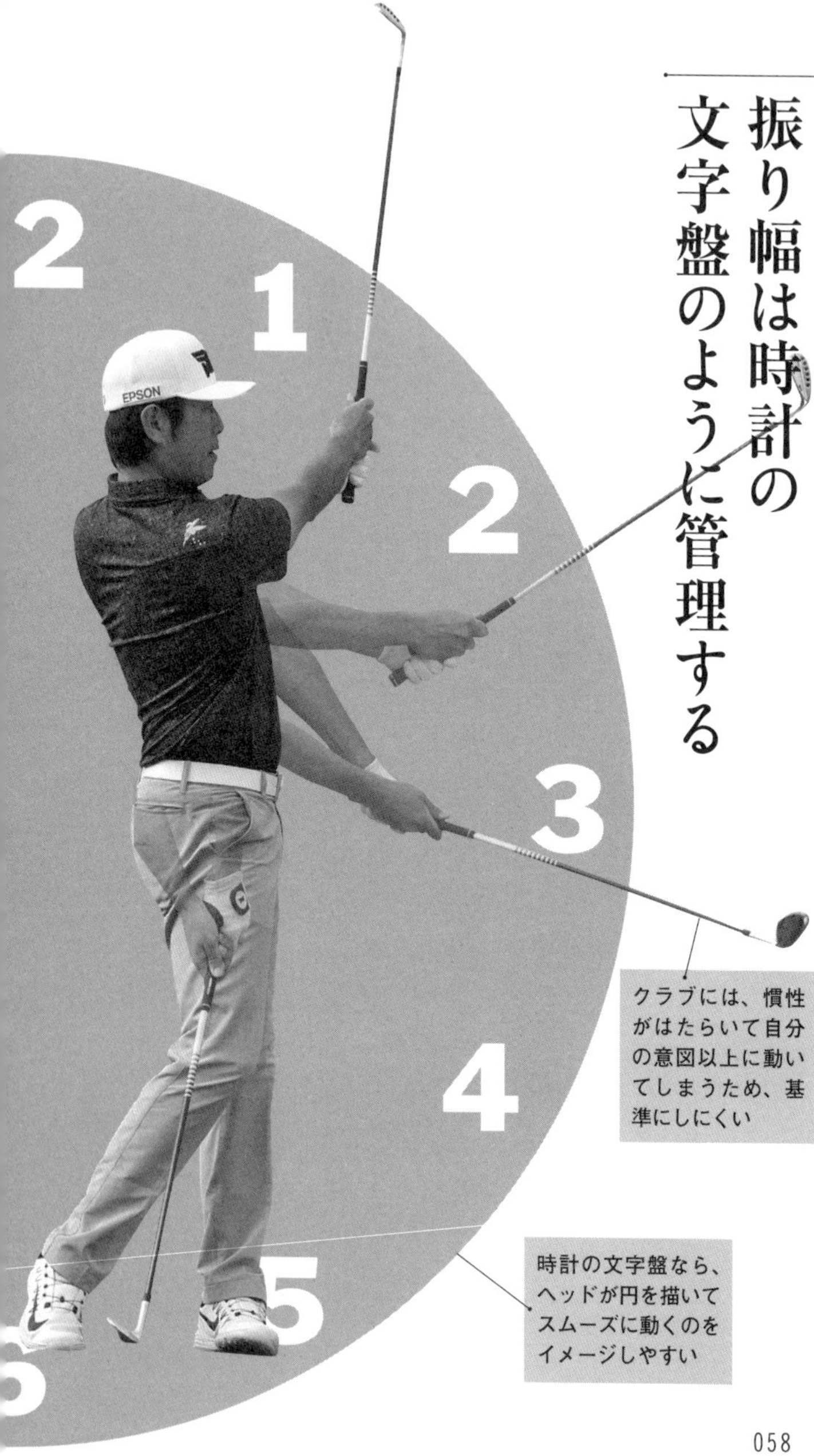
2
1
2
3
4
5
クラブには、慣性がはたらいて自分の意図以上に動いてしまうため、基準にしにくい
時計の文字盤なら、ヘッドが円を描いてスムーズに動くのをイメージしやすい

できるだけ機械的に感性を排除して考える

腕を時計の短針に見立てて、どこまで上げるかで振り幅を管理するのがわかりやすい。基本は左右対称。急加速や減速なく、等速・等圧のスイングを心がけよう

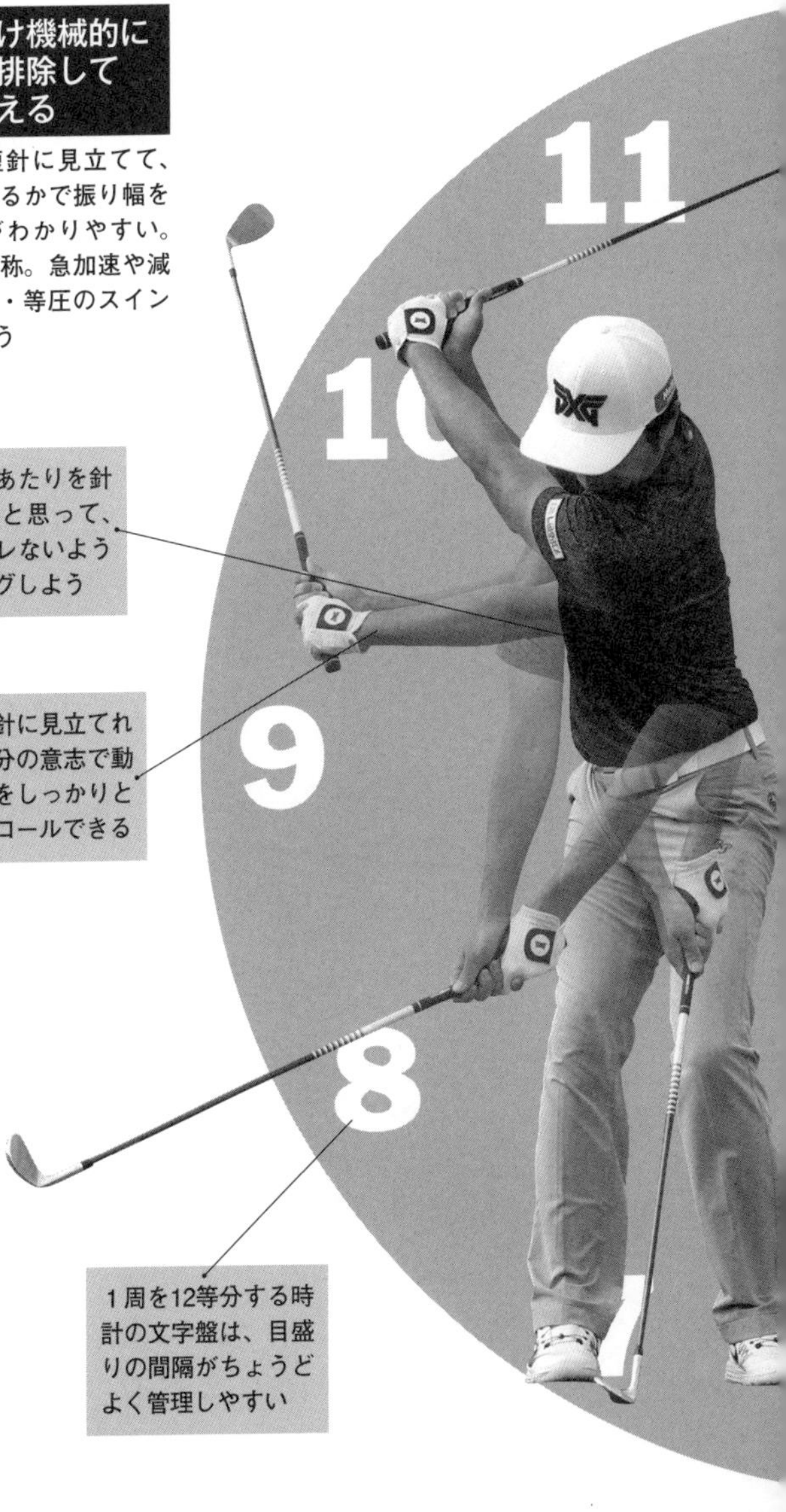

みぞおちあたりを針の中心だと思って、そこがブレないようにスイングしよう

腕を短針に見立てれば、自分の意志で動く範囲をしっかりとコントロールできる

1周を12等分する時計の文字盤は、目盛りの間隔がちょうどよく管理しやすい

〝ピンまでの距離〟を打つわけじゃない

先程、距離感はキャリーでコントロールするという話をしましたが、**コースでは必ずしもピンまでの距離を実際にキャリーさせて打つわけではありません。**

たとえば、ピンまで残り50ヤードの距離であっても、追い風であれば40ヤードのスイングで打ったり、打ち上げなら55ヤードのスイングをしたりします。また、ライが左足上がりなら、インパクトロフトが増えてボールが上がり、距離が出にくいことを考慮して60ヤードのスイングで打たなければ届かないかもしれませんし、左足下がりならその逆です。

「同じ距離を打つにも、振り幅は同じではない」と言う人は、こういうことを指している場合が多いですが、これを全部「50ヤード」だと考えるのではなく、打つ距離をそれぞれ「40ヤード」とか「55ヤード」だと意識して打つほうが、シンプルで、コースでの状況に合わせて応用もしやすい。**「何ヤード飛ばすか」ではなく、自分が「何ヤード打つか」**を考えることが重要なのです。

さまざまな状況を判断して「自分が打つ距離」を変える

打ったボールが何ヤード飛んだかというのは、あくまで結果。ピンまで何ヤードあり、状況を加味した結果、自分が何ヤードのスイングをするかということを把握して実行しよう

ピンに寄せるためには、フォローなら短め、アゲンストなら長めの距離をスイング
ピンまでの距離をスイングするわけではない。状況によって「打つ距離」は変わる
グリーンが硬い場合や下り傾斜なら短め、やわらかかったり受けていれば多めに打つ
使用クラブやロフトなどによって、落ちてからの転がりが違うことも考慮する
ラフなどのボールが止まりにくいライから打つ場合は、短めの距離を打つことになる

ランを"足し算"する場合
ランを"引き算"する場合

先程、「ピンまでの距離を打つわけではない」と言いましたが、自分が「何ヤード打つべきか」を計算するうえで、風やライの傾斜だけでなく、ランも非常に重要な意味をもっています。状況を総合的に判断して、ボールが落ちてからどのくらい転がるかを計算し、**ピンまでの距離を「キャリーの距離 ±《プラスマイナス》ランの距離」**で考えることがとても大事なのです。

ロフトの立ったクラブで打つ場合はもちろんですが、コンパクションの高い硬いグリーンやピンまでが下りの傾斜になっているなら、同じように打ってもボールが止まらないので、ランを多めに見る必要がありますし、グリーンがやわらかかったり強く受けている場合は、ボールが止まりやすいことを考慮する必要があります。

ほとんどの場合、ボールは落ちてから前に転がりますので、プラス、つまり「足し算」ですが、状況によってはバックスピンで戻ること、つまりマイナスの「引き算」になる場合もあるので、ヘッドスピードが速い人が長めの距離を打つ場合などは注意が必要です。

ランが“マイナス”になる場合もある

グリーンの状態などから、ボールが落ちてからどのくらい転がるかを考慮し、実際に打ちたい距離を「キャリー±ラン」でトータルに計算することが重要だ

引き算
足し算
遠めの距離からやわらかい受けグリーンに打つと、バックスピンで戻ることもある
グリーンの硬さや傾斜などから転がる距離を予測して打つべきキャリーを算出する

ランはボールの〝落下角〟で変わる

グリーンの硬さや傾斜をとりあえず度外視して考える場合、**ランの距離はボールの落下角によって変わります。**

同じ30ヤードキャリーするボールを打った場合でも、**フワリとした高弾道の球と、低いライナー性の球では、後者のほうがたくさんランが出る**ことは感覚的にわかりますよね。もちろん、意図的にバックスピンを強くかけて打つ場合などは別の話ですが、まずはこの原則をしっかりと考慮してピンを狙うことが重要です。

こうやって説明すれば「当たり前じゃないか」と思うかもしれませんが、ランの計算が合わず、アプローチの距離感が合わないアマチュアの多くは、この原則を現場できちんと応用できていないように思います。その原因は、弾道のイメージがないこと。狙った距離を打つ際に、ボールがどんな高さで飛び、どのように落ちるのか。まずはそういった**弾道の放物線を頭の中に正確にイメージできるような訓練をしてください。**

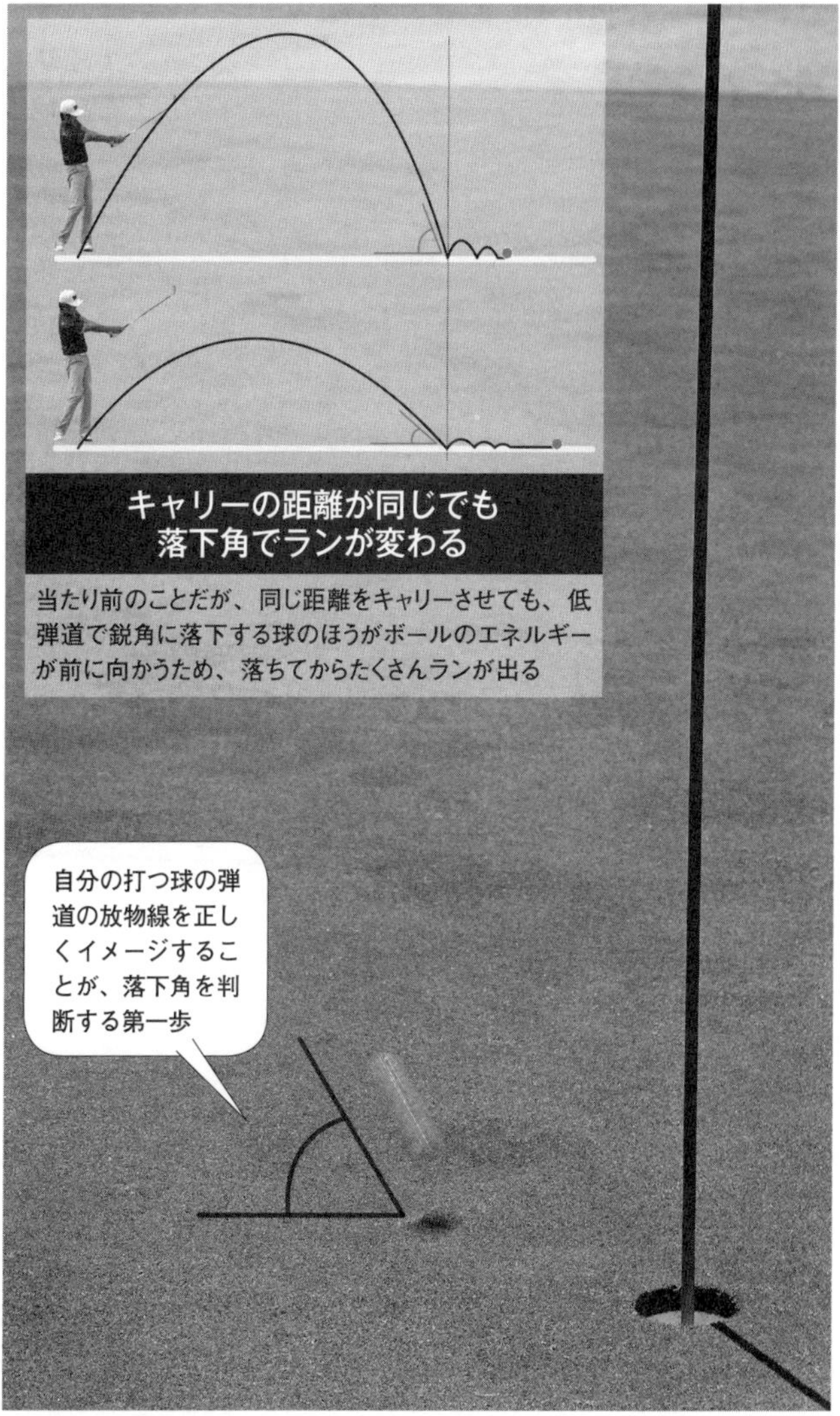
自分の打つ球の弾道の放物線を正しくイメージすることが、落下角を判断する第一歩

キャリーの距離が同じでも落下角でランが変わる

当たり前のことだが、同じ距離をキャリーさせても、低弾道で鋭角に落下する球のほうがボールのエネルギーが前に向かうため、落ちてからたくさんランが出る

〝ゴールデン・ディスタンス〟を見つけることが肝心

距離感を磨く大前提として、私がつねづね主張しているのが「ゴールデン・ディスタンス」を見つけてほしいということです。

ゴールデン・ディスタンスとは、何も考えずに気持ちよくスイングしたときのキャリー距離。私の場合、ＳＷで肩から肩くらい、時計の文字盤で言うと9時半から2時半くらいの振り幅で、キャリー約70ヤードです。

距離感を磨くうえでは、時計の文字盤の各時刻にきちんと距離を振り分けていけるのが理想ですが、なかなか最初からそうはいきません。ですので、その最初の基準として、**自分が気持ちよくスイングしたときの距離と振り幅をハッキリさせること**が重要なのです。

これは、アプローチにおける基準になると同時に、「得意な距離」にもなります。レイアップする際にこの距離を残すなど、マネジメントにおいても有利ですし、この距離をベースにプラスマイナスするなど応用の土台にもなっていきます。

気持ちよく スイングしたときの 距離を知ろう

気持ちよく、何も意識せずにスイングしたときの「ゴールデン・ディスタンス」と、そのときの振り幅をしっかりと把握することが距離感を磨く第一歩

距離の基準値は〝結果〟から導き出す

ゴールデン・ディスタンスは、単なる得意距離とは少しニュアンスが違います。あくまで**気持ちよく振ったときに飛ぶ距離が何ヤードなのか**ということですので、これを見つける際は「結果」から導き出すことが大事です。

具体的には、平らな芝生のフィールドで**10〜20球くらいスイングして、そのボールが集まったところの距離を計測する**のです。ピンや看板などのターゲットがあると意識がそこに引っ張られるので、何の目標もない平らなフェアウェイがベスト。

振り幅などは一切考えずに、朝イチの練習場でウォーミングアップするときのような感覚で打ってください。ミスショットは除外し、気持ちよく打てたものだけをカウントします。実際にラウンドで使うボールを使用し、できればレーザー計測機などで測って正確な数字を出せればいいですね。そして、**そのときのスイングがどのくらいの振り幅なのかをチェック**することで、無意識を意識につなげていくことが重要です。

目標物のないところで10球アプローチしてボールの集まりを見る

目標物のない、平らなフェアウェイで行おう。余裕があれば、8時、9時、10時など、振り幅ごとに「何ヤード飛んだか」をチェックしてみるのも効果的

朝イチのウォーミングアップのように、何も意識せずに気持ちよくスイングする
10～20球程度の球数を打って、ボールが集まった距離がゴールデン・ディスタンスだ

次のステップは「プラスα」「マイナスα」

ゴールデン・ディスタンスを把握できたら、次はそこからプラスマイナスのアレンジを加えましょう。**気持ちよく振ったスイングより「ちょっと強め」「ちょっと弱め」でどのくらい距離が変わるかをチェック**するのです。感覚的には「こぶし1個分」、時計の針で30分から1時間くらい振り幅を変えて打ち、その距離をチェックします。この距離を把握できれば、**ゴールデン・ディスタンスとその前後、合計3つの距離が手に入ります。**

さらに言えば、大・中・小、つまり7時・9時・11時くらいのそれぞれのスイングの飛距離とその「プラスα」「マイナスα」を把握できれば、ゴールデン・ディスタンスと合わせて12通りの飛距離を打ち分けられることになります。もうこれで、ほぼどの距離からでもグリーンをとらえることができるようになっているのです。

距離感を磨くうえでは、「何ヤードをどう打つか」を練習するよりも、このほうがはるかにシンプルで確実な方法なのです。

「ちょっと小さく」振ったとき、マイナス何ヤードになるのかをチェック
ゴールデン・ディスタンスを基準に「プラスマイナスα」の距離を把握しよう
「ちょっと大きく」振ったとき、プラス何ヤードになるのかをチェック

Gディスタンスより「ちょっと大きめ」「ちょっと小さめ」

基準となる振り幅よりも「ちょっと大きく」「ちょっと小さく」振ったときの距離を把握する。これだけで3つの距離を打ち分けることができる

距離感は〝球の高さ〟でイメージしよう

距離感を磨いていくうえで、みなさんにとくに意識してほしいのは「球の高さ」です。

第1章で、どの距離をアプローチする場合でも打ち出し角はほぼ一定だという話をしましたが、**弾道の最高到達点は違います。**長い距離を打つ場合ほど球は高く上がり、短い距離を打つときほど弾道の最高点は低くなります。打ち出し角をきちんとそろえることができれば、弾道の最高点は飛距離ときれいに比例するのです。

ゴルフの場合、自分が打ったボールは後方から見送ることしかできません。ですので、テレビゲームのように飛んでいくボールの弾道を上や横から眺めるようにイメージするのはとてもむずかしいのですが、球の高さは打った場所からも明確に確認できます。だからこそ、高さのイメージは大事なのです。

アプローチショットをする前に、**その「距離なりの高さ」を想像して、ボールがそこを通る様子をイメージ**してみましょう。球の高さをイメージする方法の1つとして、ピン方向の空を、帯状に色分けして想像してみてください（4～5ページ参照）。たとえば虹色の帯のいちばん下の赤が20ヤード、オレンジが30ヤード、黄色が40ヤード……という感じです。その帯に向かって、「50ヤード打ちたいから、あの緑色のあたりを通そう」という感じで打てれば最高。

余談ですが、フルショットの場合は、どの番手でも弾道の最高到達点はほぼ同じです。参考の数値ですが、男子プロの場合、ドライバーでも5番アイアンでも9番アイアンでも、高さはだいたい約30ヤード。女子プロだと25ヤードくらい。高さが変わるのはコントロールショットの場合ということです。

長い距離を打つほど弾道の最高点は高い

アプローチの場合、飛距離と弾道の最高点の高さはほぼ比例する。長い距離を打つときほど球は高くなり、短い距離を打つときほど低くなる

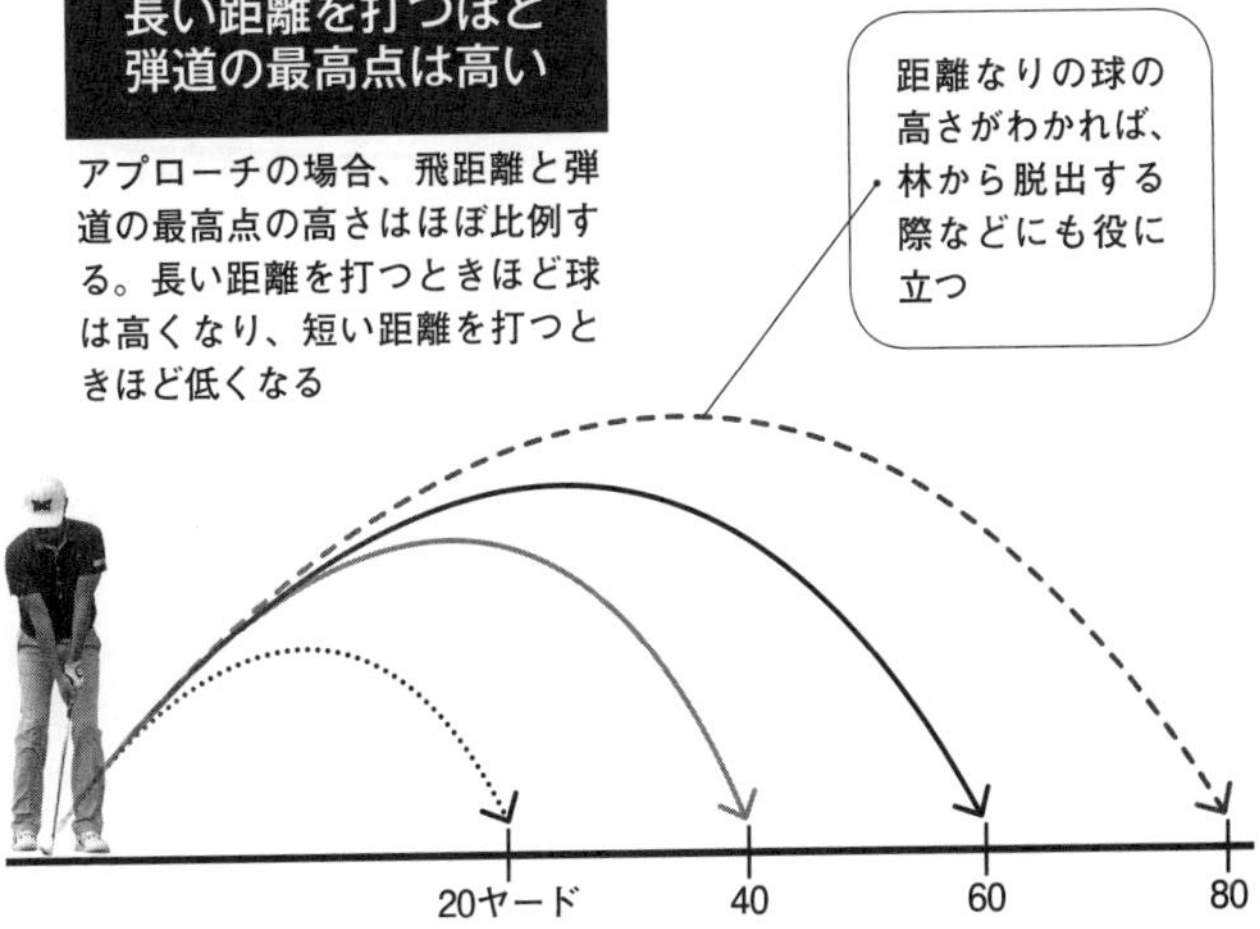
距離なりの球の高さがわかれば、林から脱出する際などにも役に立つ
20ヤード
40
60
80

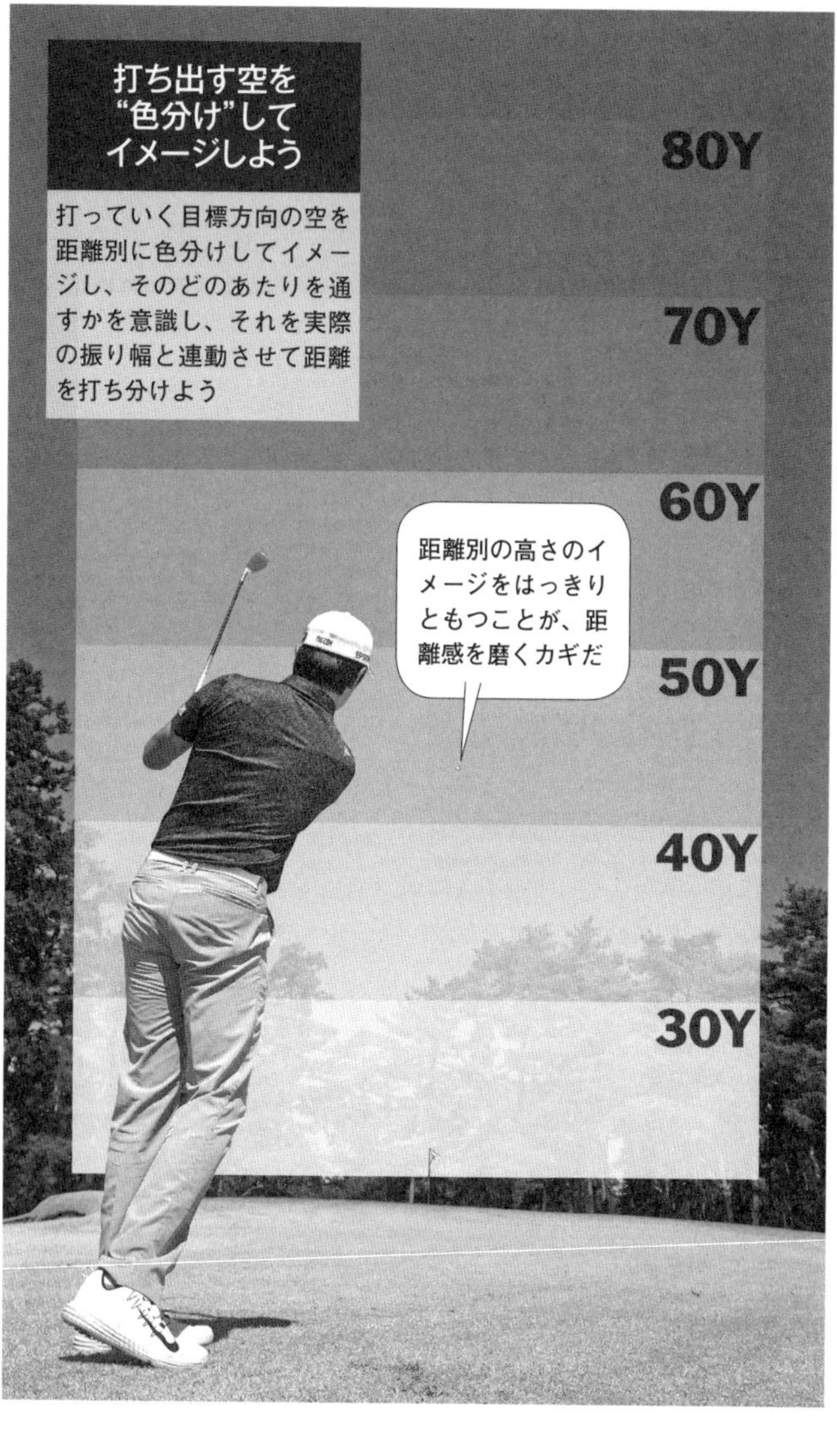
打ち出す空を
“色分け”して
イメージしよう
打っていく目標方向の空を距離別に色分けしてイメージし、そのどのあたりを通すかを意識し、それを実際の振り幅と連動させて距離を打ち分けよう
80Y
70Y
60Y
距離別の高さのイメージをはっきりともつことが、距離感を磨くカギだ
50Y
40Y
30Y

THE WEDGE BIBLE
ザ・ウェッジ・バイブル

第3章
ミスはどうして起こるのか?

ウエッジの3大ミス要因
❶インサイドバック

この章では、ウエッジゲームで起こるおもなミスについてとりあげます。アマチュアゴルファーの多くが知らずにやっているタブーや、誤解している問題などをしっかりと確認し、正しく理解することは、上達には不可欠と言えます。

なかでも、**アプローチでのミスの最大にしてもっとも多い原因の1つは、バックスイングをインサイドに上げてしまう動作**です。

クラブがインサイドに上がると、プレーン自体が右を向き、その瞬間、最下点はボールの右になってしまいます。アドレスの状態では、グリップエンドはおへそのやや左側くらいを指していますが、クラブヘッドがインサイドに動くと、グリップエンドの向きはカラダから外れます。これは、腕とクラブの同調が崩れている証拠。そして、そのまま下ろせば、ヘッドはボールの手前にダフるし、きちんと当てるためには何らかのアジャストが必要になる。当然、スイングの再現性は損なわれ、ミスの確率は高くなるというわけです。

クラブが本来のプレーンよりもインサイドに外れると、最下点はボールの右になる
クラブヘッドがインに上がると、手元が浮き、グリップエンドはカラダの外側を指す

インに上げると手元が浮いてヘッドが落ちる

ヘッドがインサイドに上がると、手元が浮いてヘッドが本来の軌道よりも下に垂れる。そのまま振ればダフるし、アジャストするための余計な動作もミスの原因になる

クラブが寝てヘッドが落ちた状態で下ろしてくると、ボールの手前をダフる

肩をタテ回転させてヘッドを真後ろに上げる

バックスイングでヘッドがインサイドに上がってしまう原因は、肩をヨコ回転してしまうことや、手首の無駄な動きに原因があります。手首の動きについては後述しますが、まずは**肩をタテ回転させ、ヘッドをボールの真後ろに上げていく**ようなバックスイングを意識してください。

アドレスの形を後方から見ると、向かって右側のカラダから遠いところにクラブヘッドがあり、それより左、ヘッドとカラダの間に手元があります。バックスイング時に、**手元とヘッドの前後関係を崩さず、平行なラインをなぞるように動かす**のがポイントです。クラブがインサイドに上がると、ヘッドは手元の位置を横切って背中側に上がっていきます。

インサイドバックは、後述するフェースの開きなどのさまざまなミスを誘発します。バックスイングでは少しフェースをシャットに使うようなイメージで、**フェース面がボールに向いたまま上げていく**意識をもつようにしてください。

手首の角度を保って
手元を低く上げていく
アドレスを後方から見ると、左からカラダ、手元、ヘッドという位置関係になっているが、バックスイングでもこの位置関係を崩さずにキープすることが重要だ
ショートアプローチでは、肩はタテ回転。アップライトな軌道を意識しよう
クラブヘッドは手元よりも外側（向かって右側）を保ち、真後ろに上がっていく

ウエッジの3大ミス要因 ❷手首のゆるみ

ウエッジでのミスのもう1つの大きな要因に、手首のゆるみがあります。**小さな振り幅を正確にスイングしたいショートアプローチにおいては、手首の大きな動きはほとんどデメリットしかありません。**

小さな動きのなかで手首を使ってスイングしてしまうと、手元の動きに対してヘッドの運動量が増えて振り幅が安定しにくくなるので、距離や方向のブレが生じやすくなります。また、スイングに1つアクションが増えるぶん、インパクトまでに動いたものを正確に戻すのがむずかしく、戻り切らないまま振り遅れたり、逆にリリースしすぎてダフるなどのミスの原因になります。とくに、バックスイングで左手首を手のひら側に折るヒンジの動きは、フェースの向きやロフトが変わってしまううえ、前述のようにヘッドがインサイドに上がる動きを誘発するので、極力排除したい動き。**ショートアプローチにおいては、手首は固めて使う感覚が必要**なのです。

小さな動きで手首を使うと再現性が落ちる

ロングアプローチでは、振り幅が大きくなるぶんヘッドの運動量が増え、その慣性で若干の手首の動きは起こるが、ショートアプローチでは、手首は固めて使う感覚が必要だ

リリースできないとロフトが立って当たる

コックを戻し切れないと、手元を動かしてアジャストしないと当たらない

手首がほどけるとロフトが増える

動いた手首を戻そうとしてリリースが早くなるとヘッドが落ちてダフる

手首はなるべく固めて小さな動きを正確に

ショートアプローチにおいては、左肩からクラブヘッドまでを1本の棒のように使いたい。手首やヒジは、切り返しやクラブの重さなどによる負荷で「しなる」くらいの感覚はあってもかまいませんが、関節として使いたくありません。**手首はほぼ固定し、クラブをしっかりホールドする意識**をもちましょう。

アドレスを正面から見ると、左肩からクラブヘッドまではほぼ一直線ですが、右手首には角度がついています。この両手首の角度をスイング中に崩さないことが重要。**両腕とクラブがつくる小文字の「y」の形を、そのまま振り子のように揺らす感じ**です。また、後方から見ると、腕とクラブには角度があり「く」の字のようになっていますが、この角度もキープしてください。

これらの角度を保ち、手首を固めて使う感覚があれば、あとは胸板を左右に回すだけ。これが余計な動きのない、シンプルで再現性の高いスイングのカギなのです。

左肩からクラブヘッドまでを、長い１本の棒のように使う意識をもとう

左肩からヘッドまでの長さを変えずに振る

手首の余計な動きは、スイングの正確性と再現性を損なう。ショートアプローチでは、手首は関節として使わず、ホールドしたままスイングすることが重要だ

胸板と腕、クラブを同調させて振り子のように振る。アドレスでの腕とクラブがなす角度が、バックスイングとフォローでもキープされている

ウエッジのミス3大要因
❸フェースオープン

飛距離よりも方向性が重要なアプローチでは、フェースの開閉は極力抑えてスイングしたい。とくにショートアプローチでは、フェースは一切開閉しないイメージですし、ロングアプローチでも、意識的なフェースローテーションは不要です。

しかし**ゴルフクラブは、構造上、フェースが開きやすい**道具です。さらに、インサイドバックで起こるヘッドが垂れる動きや、手首やヒジ、ワキなどがゆるんだときも、フェースが開く方向に作用するため、バックスイングでフェースが開く人は非常に多いのが実情です。さらに、**バックスイングでフェースを開いてしまうと、それをダウンスイングで閉じられないケースが多く、さらに開きながらインパクトを迎えてしまう人もいます。**

フェースが開いて当たれば、ボールが右に出ますし距離も落ちます。反対に、開いたフェースを閉じる動作が強すぎると、ヒッカケや飛びすぎも出ます。バックスイングでフェースが開くのは、こういった諸悪の根源なのです。

開いたフェースは
インパクトまでに
戻しにくい
ゴルフクラブは構造上フェースが開きやすく、開きながらバックスイングしてしまうと、ダウンスイングで閉じられないどころか、さらに開いてしまう場合も多い
インサイドバックや手首のゆるみが、フェースオープンを引き起こす場合も多い

スイング中の左ワキやヒジのゆるみもフェースが開く原因の1つ

フェースが開いたままでは方向性も飛距離もコントロールできない

フェースを閉じながらボールをとらえる感覚が大事

ショートアプローチにフェースローテーションは不要だと言いましたが、フェースが開きやすいウエッジを開かないように使うためには、場合によっては**フェースを閉じながら使うくらいの感覚があってもいい**かもしれません。フェースオープンになりやすい人は、ダウンスイングで、左前腕を外旋させて（自分の目から見て）フェースを反時計回りにローテーションさせるくらいの意識が必要でしょう。

多くのプロゴルファーがウエッジでボールを上げる場合にフェースを開いて構えますが、これは、最初に開いてセットしておいて、それを閉じながらインパクトするためです。**アドレスのオープンフェースは、「これ以上開かない」ためのリミットライン**であって、アドレス時よりも開いてインパクトすることは、特殊な場合を除けばありません。

ちなみにロングアプローチの場合、クラブを短く持つのも、ヘッドの重さを感じにくくして、フェースの開閉を抑えるのに有効です。

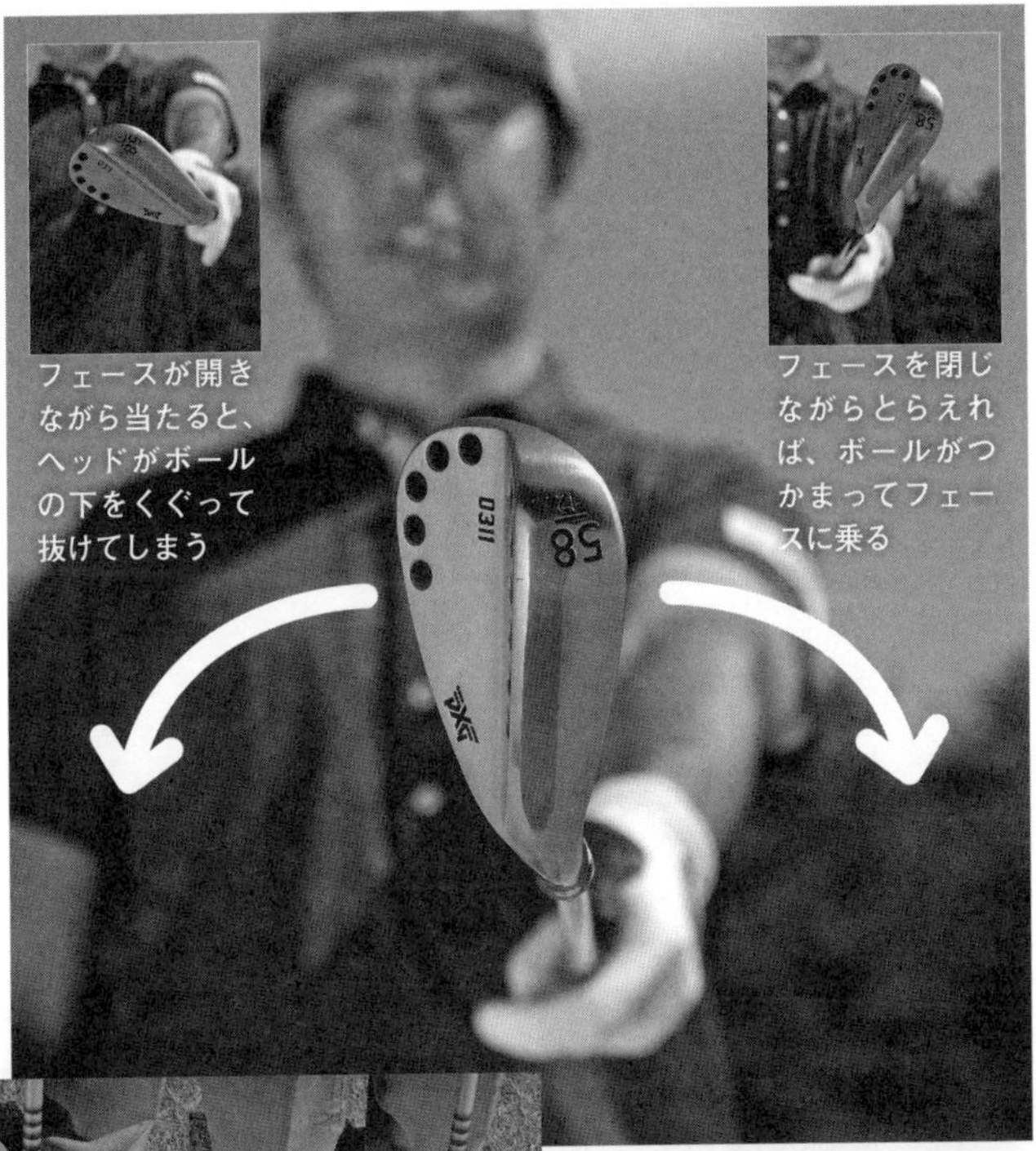

フェースが開きながら当たると、ヘッドがボールの下をくぐって抜けてしまう

フェースを閉じながらとらえれば、ボールがつかまってフェースに乗る

アドレスよりも開かないように注意

フェースの開閉は極力抑えたいが、どうしてもフェースが開き気味になる人は、少し閉じながらボールをとらえるくらいの感覚があってもいいだろう

オープンフェースはシャンクも引き起こす

オープンフェースが引き起こす重大なミスの1つに、シャンクがあります。シャンクは、英語では「ソケット」とも言われるように、ボールがフェース面すら外れてネック部分に当たるミスです。

これほどのミスヒットが起こる理由は、ゴルフクラブの構造上の特徴にあります。左ページ右下の写真のように、ウエッジのグリップを両手で挟んでキリモミするようにクラブを回転させ、フェースを開閉してみてください。すると、シャフトを軸に回転させているつもりでも回転軸の中心がズレ、ヘッド側はフェースの中ほどを中心に回転します。つまり、**ゴルフクラブはシャフト軸ではなく、クラブの重心を軸に回転する特徴がある**のです。

したがって、ダウンスイングでフェースが開くと、左ページ上のようにネック部分が前に出てきてしまい、ボールがフェースより先にそこに当たってしまう。これがシャンクのメカニズムです。

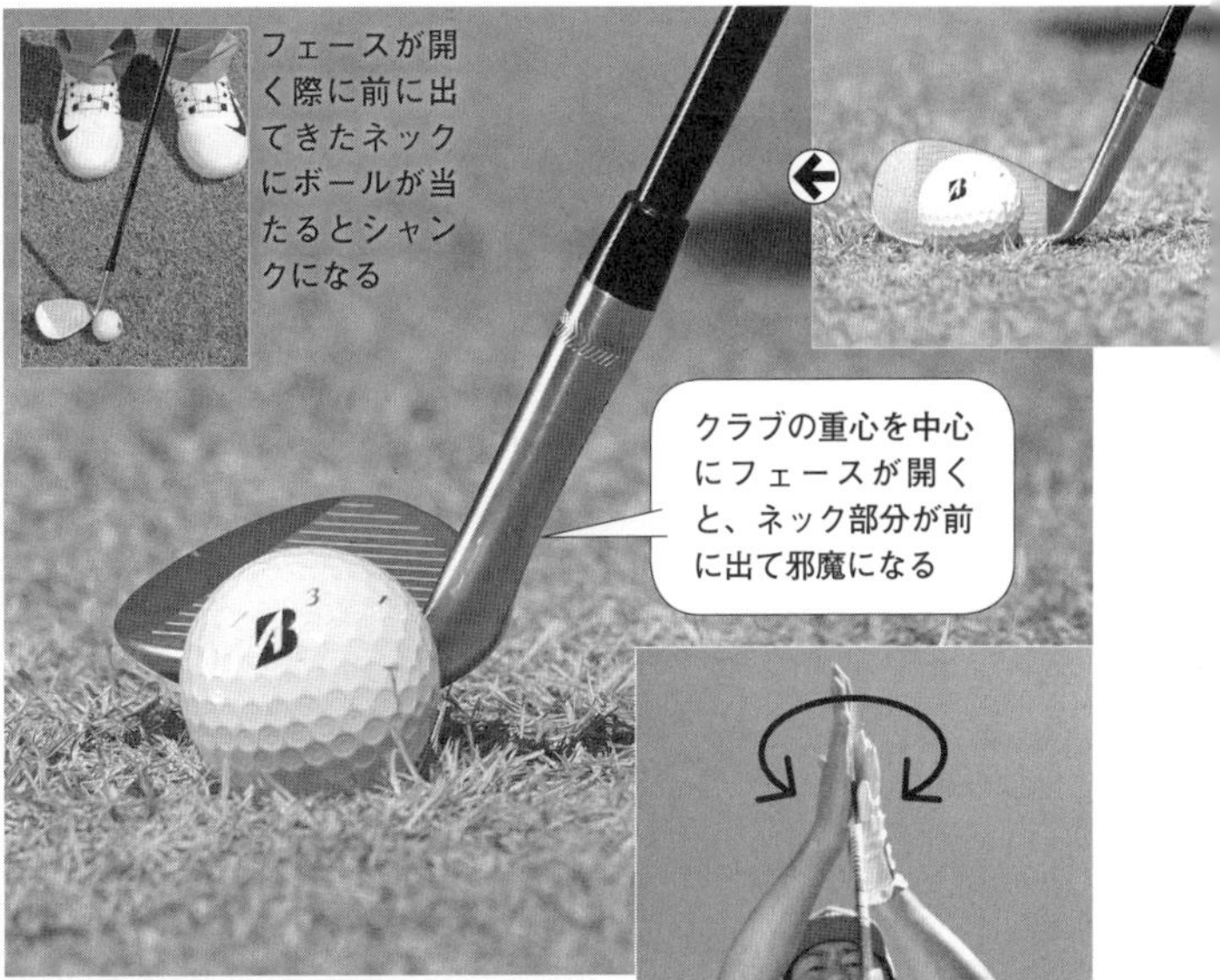
フェースが開く際に前に出てきたネックにボールが当たるとシャンクになる
クラブの重心を中心にフェースが開くと、ネック部分が前に出て邪魔になる

ヘッドの重心を中心に
フェースが開閉するから
ヒールが出てしまう

シャフトを軸にフェースを開閉しているつもりでも、クラブはシャフト軸から離れた重心を中心に回転する。そのため、フェースが開く際にネックが前に出やすいのだ

クラブは、グリップ部分とヘッドの中ほどにある重心を結んだ線を軸に回転する

左ヒジを内側に絞ればシャンクは絶対出ない

シャンクを防ぐには、フェースが開かないようにスイングすることが必要ですが、同時に、前述のようなクラブの動きを理解することも大事です。スイングにゆるみがあるとフェースは重心を中心に開こうとしますので、左ワキや腕、手首のテンションを保ってそれを抑え込む感覚があれば、無意識のミスは抑えられます。

シャンクに悩んでいるのであれば、**インパクト前後で左ヒジを内側に絞り込むようにして意識的にフェースローテーションを使っていく**のも1つの方法です。本来であれば、アプローチではフェースローテーションは抑えて振りたいのですが、シャンクが出るということは抑えているつもりでもフェースが開いてしまっているということ。それならば、閉じる意識が必要です。それを手先でなく、ワキやヒジのテンションで行うのです。

この動作は、SWで低く転がす球を打つ際に必要です。**SWでロフトを立てるようにしっかりランを出して寄せるアプローチの練習をすると、シャンクは防げます。**

左ヒジをカラダに近づけながら左前腕を外旋させると、自然とワキが締まる

フォローで左ヒジを絞り込むようにフェースローテーション

シャンクはワキや腕のゆるみでフェースが開いている場合が多い。インパクト前後で左ヒジをカラダに近づけるように絞り込んでフェースローテーションすると防げる

○
左ワキのテンションを保ってフェースの開閉を抑えて振れば、シャンクの心配はない
×
左ワキがゆるみ、手元が流れてフェースが開くと、シャンクが起こりやすい

〝ザックリ〟のミスは刃が刺さるわけじゃない

アプローチの致命的なミスのなかでももっとも多いのは、やはりザックリです。インパクト手前でヘッドが地面に引っかかり、ボールにちゃんとヒットできずにチョロっとした球が出たり、ひどいときには二度打ちなども起こります。

ザックリのミスについては、「リーディングエッジが地面に刺さって起こる」という誤解をしている人が多いのですが、実はそうではありません。**フェースがボールに接触するより先にウエッジのバウンスが地面に当たり、ヘッドが急減速して起こるのがザックリです。**

原因は簡単に言えばダフリですが、バックスイングで左肩が下がり、ダウンスイングで上がるような軸のブレがあると、スイングの最下点がボールの手前側になりやすく、しかも**フェースが開いてバウンスが大きくなりながらヘッドが地面に落ちるように接触するので、バウンスの抵抗が大きく、ソールが地面に引っかかってザックリになる**のです。これは、バウンスの大きいウエッジでより起こりやすくなります。

バウンスが地面に当たってヘッドが減速するのが原因

肩の上下動のあるスイングは軸が傾きやすく、ダウンスイングでヘッドが落ちてダフる。このときフェースが開いてバウンスが出ると地面との抵抗が増え、ザックリになる

手首の角度がほどけてバウンスが出ると、ボールより先に地面に当たって減速しまう

軸の傾きをキープして〝アドレス＝インパクト〟で打つ

ザックリを防ぐためには、ショートアプローチの基本をしっかり守り、**アドレスを再現するようにインパクトする**ことが重要です。

アプローチの軸は、アドレス時のノドから左足の内側を結んだあたりにあり、少し右に傾いているのが正解です。ヘッドを真っすぐアップライトに動かそうとすると、この軸が傾いてバックスイングで左肩が下がり、ダウンスイングで上がる動きが生じやすくなります。この軸を守ったままヘッドを真っすぐ動かすストロークは窮屈ですが、ラクをしてゆるめようとしてはいけません。

アドレスでは少しハンドファーストになっていますので、ウエッジのバウンスはシャフトが垂直の状態よりも少なくなっています。インパクトでもこの状態に戻せれば、少し手前にヘッドが落ちても、バウンスが跳ねてヘッドが急減速することはなく、いわゆる「ソールが滑る」ようなインパクトになるので、大きなミスにはなりません。

アドレスなりのハンドファーストならザックリしない

インパクトでも、アドレス時と同様に、左肩からヘッドまでが一直線でややハンドファーストの状態をキープできれば、バウンスが邪魔することはない

ノドと左足の内側を結んだ線くらいがアプローチの軸。少し右に傾いている

バックスイングではヘッドを真っすぐ引きたいが、この軸が傾かないように注意

インパクトでは軸もクラブの状態もアドレスのポジションに戻るのが理想

ウエッジ
あれ
これ
1

フェースの〝溝〟の役割は？

ウエッジのフェースには溝が刻まれていますが、この溝が何のためにあるか、みなさんご存じでしょうか？

溝がボールのカバーに引っかかってスピンがかかると思っている方も多いようですが、実は違います。フェースの溝は、フェース面とボールの間に挟まった芝や水分、砂などを逃がすためのものなのです。

ボールのバックスピンは、フェースの平面部分とボールとの摩擦によって起こるので、まったく芝も水分もないクリーンな状態で打てば、溝がなくてもしっかりスピンがかかります。ですが、芝の葉っぱや砂などを噛んでしまうと一気にスピンが減ってしまうので、それらの異物を溝に逃がすことで、スピンの減少を抑えているのです。

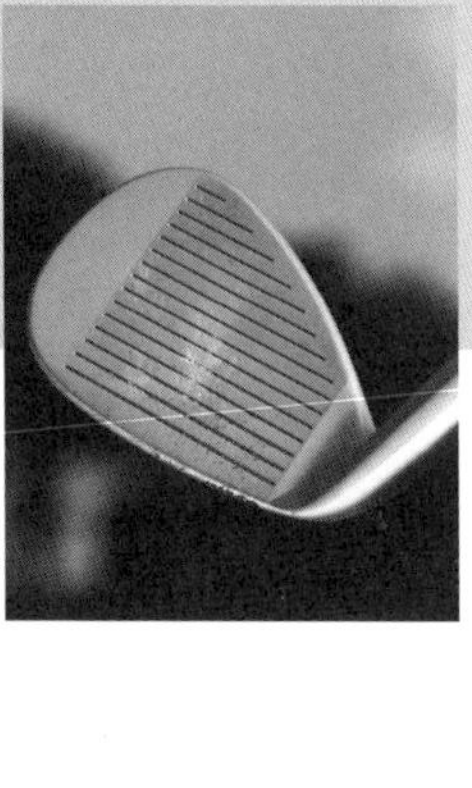

2010年以降の「新溝」はとくに、溝でスピンはかからない

第4章

ウエッジの機能と選び方

目的に合わせてロフトを選ぼう

ウエッジワークのレベルアップのためには、道具の機能を理解すること、そして自分の意図する目的に合った道具を使うことも非常に重要です。

ウエッジを考える際の第1のポイントは、ロフトです。SWであれば、ある程度ランを計算した**ピッチ&ランを打ちやすいのが56度以下**のもの、ピッチショットやロブショットなど**ボールを上げやすいのが58度以上**のものと考えてください。

ロフトが多いSWは、ロングアプローチやフルショットで距離感がそろいにくいため、敬遠する人も多いですが、ピッチ&ランやロングアプローチは、もう少しロフトの立ったAWでも簡単にできます。しかし56度以下のSWでボールを上げようと思ったら、フェースを開いて使う高い技術が要求されます。**SWは「ボールを上げなければならないときのお助けクラブ」と考え、フェースを開かずにやさしくボールを上げられる58～60度のものを入れる**という発想が、意外にウエッジゲームをやさしくしてくれるかもしれません。

ＳＷといっても、ロフト54度くらいから60度以上のものまで選択肢は多い

ボールを上げたいなら58度以上がやさしい

まずは、自分が多用するアプローチをやさしく打てるロフトを選ぶことが大事。そのうえで、ボールを上げるときは立ったものを開くのか、最初から寝ているものを使うのか考えよう

56度以下のウエッジは、ピッチ＆ランをやさしく打てるが、ボールを上げにくい

58～60度のウエッジは、フェースを開かずともボールをやさしく上げられる

14本のなかでのウエッジ・セッティングを考える

ウエッジのロフトを考えるときは、**14本のセッティングのなかに何本のウエッジを入れ、そのロフトセッティングをどうするか**も重要です。

昔のPWはロフトが46〜48度だったので、その下はAW、SWの2本でカバーできましたが、最近のPWは44〜45度のものが主流。こうなると、従来のスタンダードであった52度のAWと58度のSWの2本だけでは補えなくなりつつあります。そのため、**ウエッジを1本増やしてウエッジ4本態勢にするのが理にかなっている**と私は思います。

このとき、**それぞれのウエッジにどういう役割をもたせるか**が重要。ショット用のウエッジとして48〜50度の「第二のAW」を入れればロフトピッチをそろえやすいですし、100ヤードぴったり打てるギャップウエッジを1本足すのもおもしろいでしょう。また、ピッチ&ラン用の56度とピッチショット用の60度というように、SW2本という選択肢もあります。このセッティングがハマれば、ウエッジワークが一気にやさしくなりますよ。

それぞれの番手の役割を考える

アプローチで使うクラブ、それぞれの役割を考える。アイアンやパター使って転がすことも考慮し、何が足りないか、何があればゴルフがやさしくなるかを見直してみよう

ストロングロフトアイアンならウエッジ4本態勢がおすすめ

3本パターン

PW	AW	SW
46	52	58

PWのロフトが寝ている時代の基本セッティング

PWのロフトが46度であれば、52度のAW、58度のSWで6度間隔でピッタリ

4本パターン①

PW	AW1	AW2	SW
44	48	54	58

PWとSWの間に2本のAWを入れ距離の階段をつくる

ショットを重視し100ヤードピッタリ打てるAWを足せばマネジメントの幅が広がる

4本パターン②

PW	AW	SW1	SW2
44	50	56	60

ボールを上げやすいSWを加えて小技の幅を広げる

ピッチ&ラン用の56度の下に、ボールを上げやすい60度のウエッジを足す方法もある

ソールとバウンスがウエッジの個性を決める

ウエッジを考えるうえで非常に重要なのが、ソール形状です。ソールがどんな形をしているか、どこにどのくらいバウンスがあるかでウエッジの機能は決まります。

バウンスとは、ソールのリーディングエッジよりも下に出っ張っている部分で、リーディングエッジからトレーリングエッジ方向に**丸みを帯びた適度なバウンスは、ちょっとしたダフリをごまかしてくれるなど、アプローチをやさしくする効果があります**。しかし、大きいバウンスの使い方を誤ると、アプローチで地面に当たってザックリの危険性が高まります。また、バンカーショットには必須の機能で、**バウンスが大きいほどバンカーがやさしくなります**。どんなソール形状が使いやすいかは、スイングや打ち方によるので一概には言えませんが、一般的には、**ソールのトウ側後方が削り落とされているものはフェースが開きやすく、ソールのヒール側が削り落とされているものは、ベアグラウンドなどでもリーディングエッジが浮きにくく、ボールを拾いやすい**と言われています。

バウンス角とソールの幅のバランスが大事

基本的には、同じバウンス角ならばソール幅が広いほうがバウンスの効果が大きくなるが、ソールに溝や段差をつくるなどの工夫で、数値以上のバウンス効果を出しているものもある

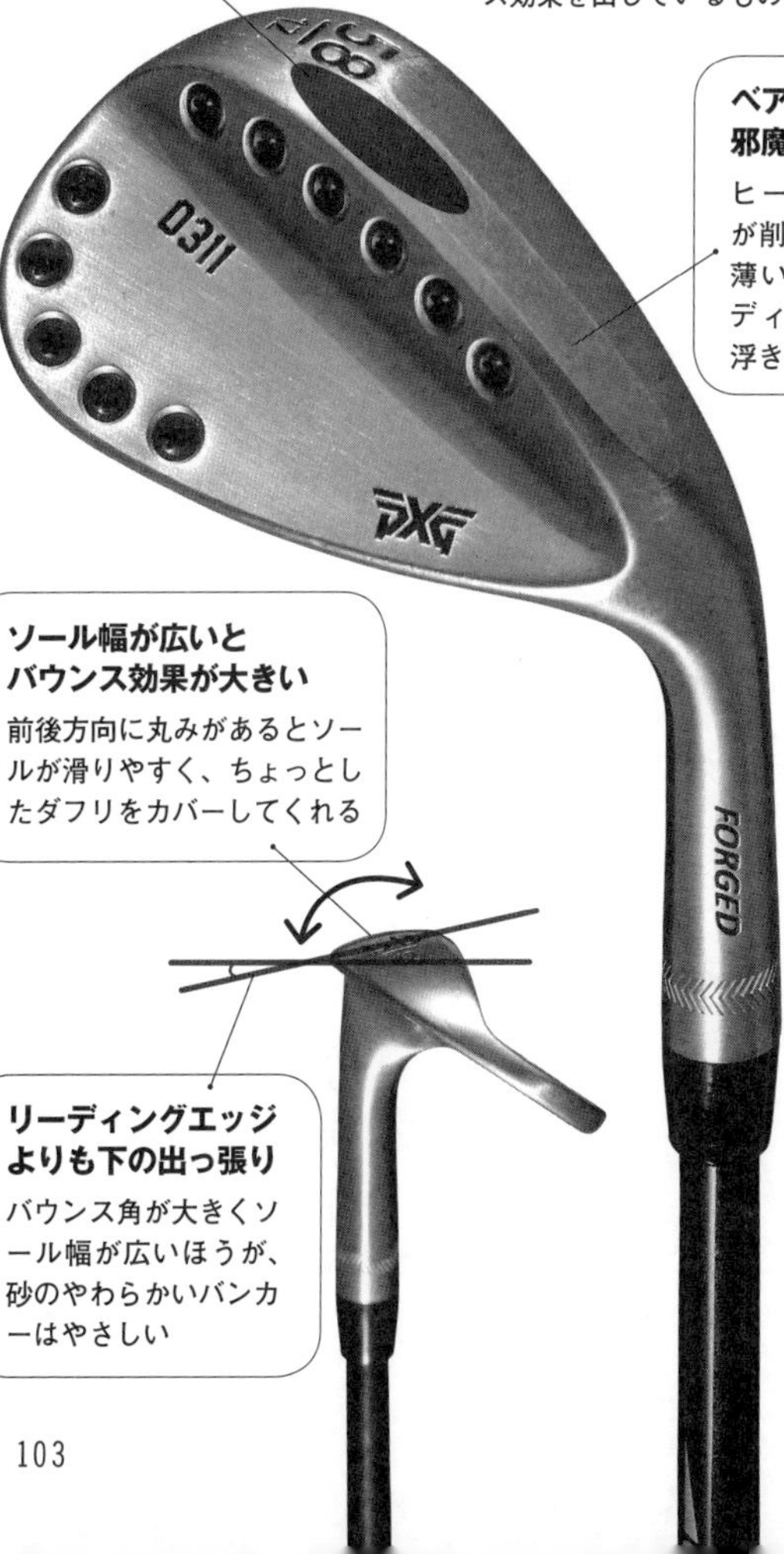

開いて使うとここが邪魔になる

トウ側のトレーリングエッジが削られているものは、フェースが開きやすい

ベアグラウンドで邪魔になる場合も

ヒール側のソールが削られていると、薄いライでもリーディングエッジが浮きにくい

ソール幅が広いとバウンス効果が大きい

前後方向に丸みがあるとソールが滑りやすく、ちょっとしたダフリをカバーしてくれる

リーディングエッジよりも下の出っ張り

バウンス角が大きくソール幅が広いほうが、砂のやわらかいバンカーはやさしい

バンカー重視ならハイバウンス
アプローチ重視ならローバウンス

アプローチの打ち方やソールの使い方は十人十色なので、どんなソールが使いやすいかは、人それぞれ経験によって見つけていくしかありませんが、基本的にはバウンスが多いほうがバンカーがやさしく、多すぎないほうがアプローチで邪魔になりにくいということは言えるでしょう。ですので、**アプローチでザックリが多い人はいまよりもバウンスが少なめのもの、バンカーが苦手な人はハイバウンスかワイドソールのものにしてみる**といいかもしれません。

また、一般的にはダウンブローが強い人やカット軌道の人はハイバウンス、入射角がゆるやかな人はローバウンスが合いやすいですが、これも目安でしかありません。

ウエッジを買う際は、できれば**芝の上で一度構えてみて、ソールした感覚を確認してほしい**ですね。フェースを開いて使う人はとくに、思い切って開いて構えてみて、ソールが突っかかる感じがないか、すわりがいいかなどを必ずチェックしてください。

思い切って開いて ソールのすわりを見る

ウエッジを買う前に実際にソールしてみて、ソールのすわりや刃の浮き具合、フェースの開きやすさなどをチェックしたい。可能であれば、芝の上で試せればベターだ

フェースを開いたときにすわりの悪いウエッジは、開いて使いにくいので要注意

芝の上から打つには 多すぎないほうがいい

バウンスが大きすぎると、少し手前から入ったときに地面に当たってザックリしやすい

バンカーショットは 大バウンスがやさしい

バウンスが大きいほうがやわらかい砂でもヘッドが砂に潜りにくく、やさしく打てる

〝顔〟もウエッジの大事な機能の1つ

構えたときの見え方、いわゆる「顔」も、ウエッジにとっては重要な機能です。

いまのウエッジの主流は、FP値の大きい出っ刃のウエッジです。タイガー・ウッズなど海外の有名選手が使ったことで一気に広がりましたが、**出っ刃の最大のメリットは、リーディングエッジでボールを拾いやすいことと、ヘッド形状が丸みを帯びていてフェースを開きやすいため高い球を打ちやすいこと**です。

一方、ジャンボ尾崎プロが愛用して日本で一世を風靡《ふうび》した**グースネックのウエッジは、ハンドファーストに構えやすく、開かずにスクエアなまま使うのに適しています**。ただし、グースネックでもフェースを開きやすいモデルもあります。

いずれにしても、**フェース面をどのように使うかを考えると、おのずと自分が使いやすいウエッジの形状はわかってくる**はずです。大事なのは、構えたときに打ちたい球筋のイメージがわくかどうかです。

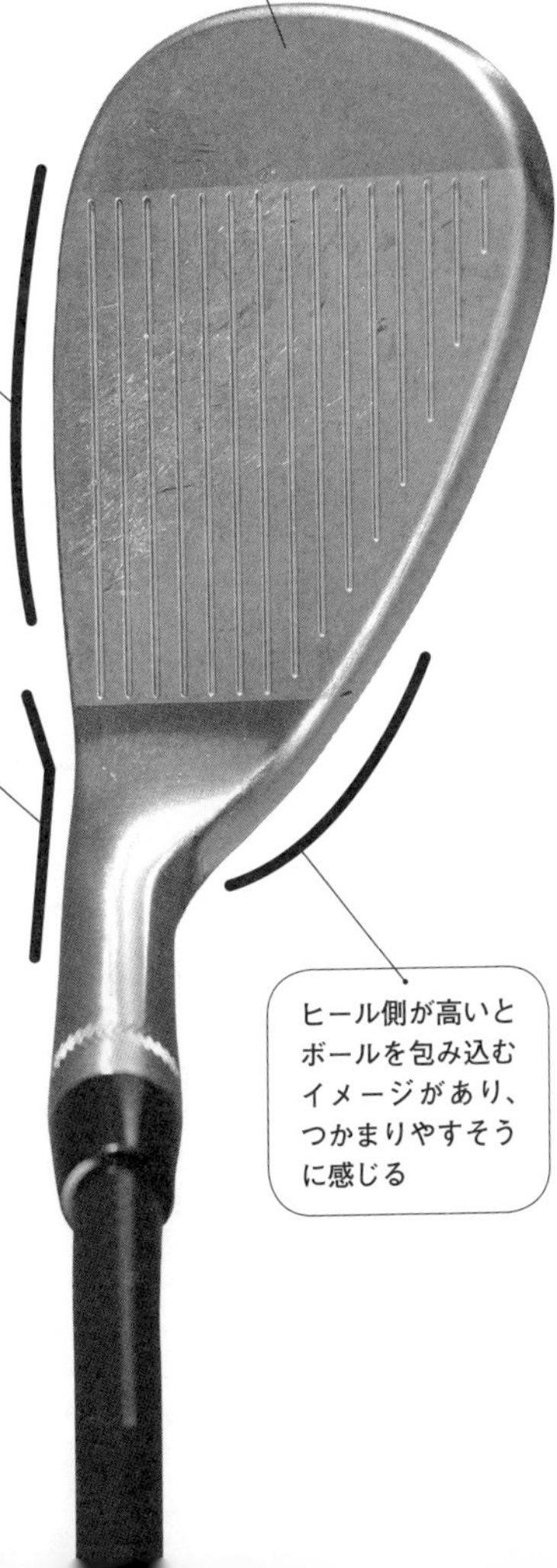
ヘッドが小さいほうが操作性が高いが、大きいほうが当てやすい安心感がある
リーディングエッジが丸いとフェースを開きやすいが、スクエアは感じにくい
ネック部分の形状、いわるゆ「フトコロ」は顔の印象を大きく左右する
ヒール側が高いとボールを包み込むイメージがあり、つかまりやすそうに感じる

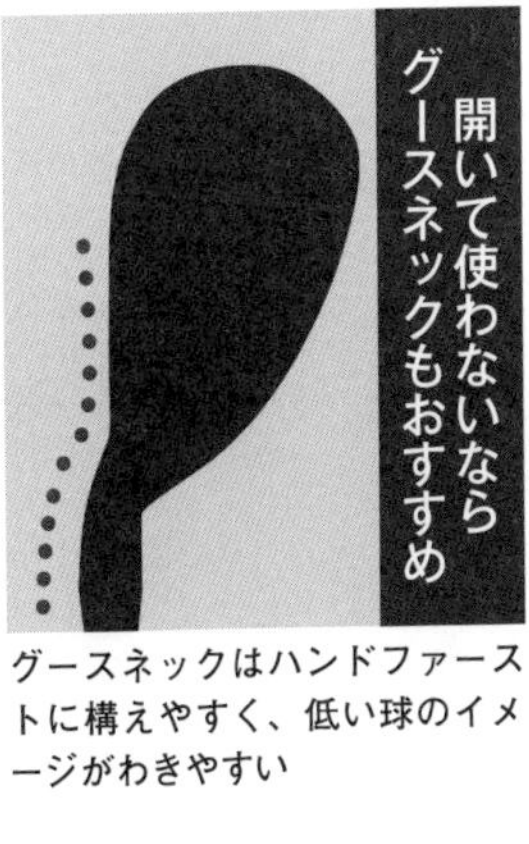
開いて使わないならグースネックもおすすめ
グースネックはハンドファーストに構えやすく、低い球のイメージがわきやすい

フェースを開いたときの顔もチェックしておこう

ウエッジのフェースを開いて使う人は、ソールの場合同様、実際にフェースを開いて構えてみて判断することが大事です。

フェースを開くとリーディングエッジが右を向き、ボールに正対するフェースの面積が狭くなります。一般的に**フェースを開きやすいウエッジというのは、開いてもフェース面が残っているウエッジです**。たとえばリーディングエッジやヒール側のフトコロの丸みなどがその一例ですが、出っ刃のウエッジほどそういった形状にしやすいというわけです。

また、フェースを開いたときは、フェース面をリーディングエッジのヒール側からヘッド後方のトウ側へと斜めに使うので、**トウ側後方のボリュームがあると使えるフェース面が広く感じて開きやすい**というような要因もあります。

繰り返しになりますが、**構えたときに自分が打ちたい球筋のイメージがわくこと**、これが「いい顔」の条件。いろいろ試して、自分に合った顔のウエッジを見つけてください。

**開いたときに
フェースをどう使うか
イメージしよう**

フェースを開いたときに、ボールとクラブがどう動くかをイメージすることが大事

ショートゲームの上達には
ボール選びも重要

ウエッジゲームについて考える際は、ボールも非常に重要です。

ゴルフボールは大きく分けると、表面のカバーにウレタンを使っているスピン系ボールと、アイオノマーやサーリンといったプラスチック系の素材を使っているディスタンス系に分けられます。ウレタンは非常にやわらかい素材なので、インパクト時にフェース面とボールの接触時間が長くなり、ボールにスピンがかかります。一方のアイオノマーは硬めで反発力が高いので、飛距離性能が高い反面、ウレタンほどのスピンはかかりません。

ウエッジゲームを重視するなら、できればウレタン系のボールを使ってください。ウレタンのほうがフェースにボールが乗りやすいため、ボールをコントロールしやすいですし、飛びすぎやフライヤーなどのミスも起こりにくい。

そしていちばん大事なのは、**使用ボールをコロコロ変えずにある程度の期間使い続けること。**同じ打ち方をすれば同じ球筋が出る環境がなければ、上達は見込めません。

スピン系

やわらかくて フェースに乗り スピンをかけて 止められる

飛距離性能はディスタンス系に劣る場合が多いが、ウエッジやアイアンでは、低く飛び出しスピンの効いた球が出る。スピンで止める球はウレタンボールでしかできない

ディスタンス系

反発力が高く 飛ばしやすいが バックスピンが かからない

打ち出し角が高くなり、バックスピンはかかりにくい。高打ち出し低スピンになるのでドライバーで飛距離は出しやすいが、アイアンやウエッジでボールを止めにくい

ウエッジあれこれ 2

変形ソールはアマチュアの味方？

最近のウエッジは、ソールの真ん中に溝や凹みのあるものや、トウやヒール側が盛り上がったもの、削り落とされて多面形状になっているものなど、個性的なソールをもったものが増えています。

それらは、フェースを開いたときだけバウンスが効くようになっていたり、バウンスは効くけれどもリーディングエッジが浮かないようになっていたり、バンカーがやさしくなるように盛れるだけバウンスを盛っているものなどさまざま。

アプローチやバンカーに悩んでいる人は、こういったウエッジのチカラを借りるのも1つの手です。独特のソール形状のもつ意図を読み取って武器にすれば、一気に苦手を解消できるかもしれません。

名器と言われたピン「ＥＹＥ２」も独特のソール形状で多くのファンを獲得した

THE WEDGE BIBLE

ザ・ウエッジ・バイブル

第5章

コースで役立つ応用ウエッジワーク

バリエーションはすべて〝基本〟のなかにある

ここからは、実際にコースでピンを狙う際に役立つ応用テクニックについて説明していきたいと思います。とはいえ本書では、よくあるレッスンのように打ち方についてあまり細かく解説しません。それよりも、**状況に対して「どう考えるべきか」という基本概念を理解することのほうが重要**です。そのことを念頭に置いて読み進めていただけると、より深い理解を得、自分の力で応用していく土台になるのではないかと思います。

さて、最初は細かな距離の打ち分けについてです。練習して10ヤード刻みの距離感を身につけても、コースではその中間の中途半端な距離が必要になります。その細かな飛距離の差をスイングで打ち分けるのはむずかしいことですが、ちょっとした工夫で**インパクト時のロフトを変えられれば、スイングを変えなくても飛距離を調節することはできます。**

その工夫の1つは、ボール位置。普段のボール位置から、ボール1個分右左に動かすことでインパクトロフトを変えるのです。**ボール位置を右寄りにすれば低めの球、左寄りに**

ノーマル

右

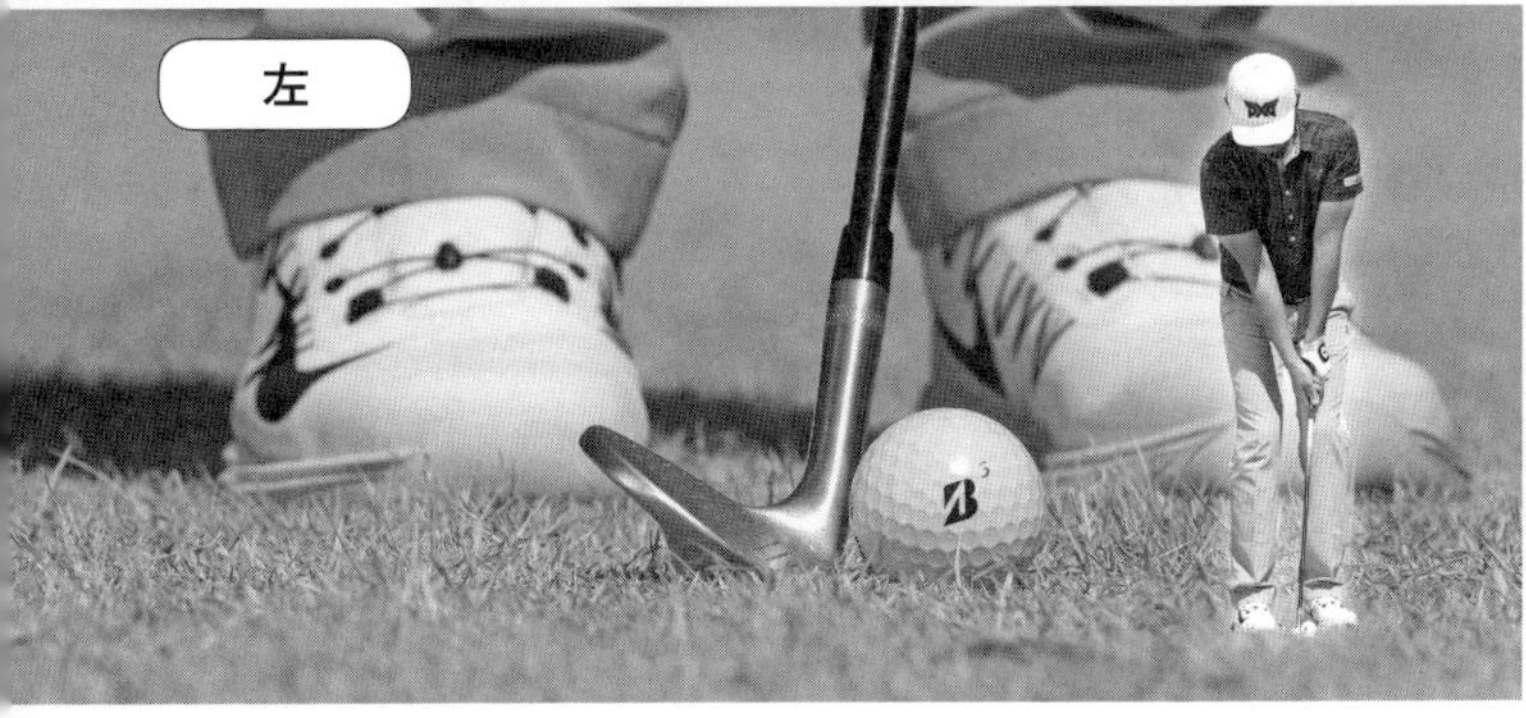
左

すれば高めの球になり、番手や打つ距離にもよりますが、キャリーの距離はあまり変わらずにランが増減する感じでしょうか。

もっと単純なのは番手を変えること。アプローチでの番手選びは球の高さで考えることが多いですが、**ロフトが違えば同じ振り幅で打っても飛距離が変わるわけですから、距離の調節の選択肢としても有効**。SWとAWだけでなく、LW、PW、パター、8番くらいのアイアンまで考慮すれば、1つのスイングで6通りの距離を打てることになります。

この2つの要素を組み合わせるだけで、1スイングに対して、ボール位置3通り×番手6種類で合計18通りのバリエーションがあることとなります。せっかく機械的な距離のモノサシを身につけても、中途半端な距離を打つ際に感覚的な微調整を入れたのでは無駄になってしまいます。**距離の微調整も、ボール位置や番手のようなシンプルで機械的な方法で行い、感覚を排除することが大事**なのです。

このほか、スイングを変えずに距離を調節するもう1つの要素として、グリップを握る長さもあります。アプローチの場合は、これで5～10ヤードも距離が変わるわけではありませんが、**グリップを指1～2本分くらい短く握ることで、イメージしている距離を「オーバーさせない」という保険をかけることができます。**50ヤードのピンを狙うけれども奥にはつけたくない、というような場合にとても有効な方法なので、覚えておいてください。

パターやアイアンまで含めれば番手の選択肢は増える。FWやUTを使ってもOK
GUNBOAT
60
12
58
12
52
12
W
8

握り幅　1 種類

×

ボール位置　3 パターン

×

クラブ　6 番手

＝

1スイングで

18のバリエーション

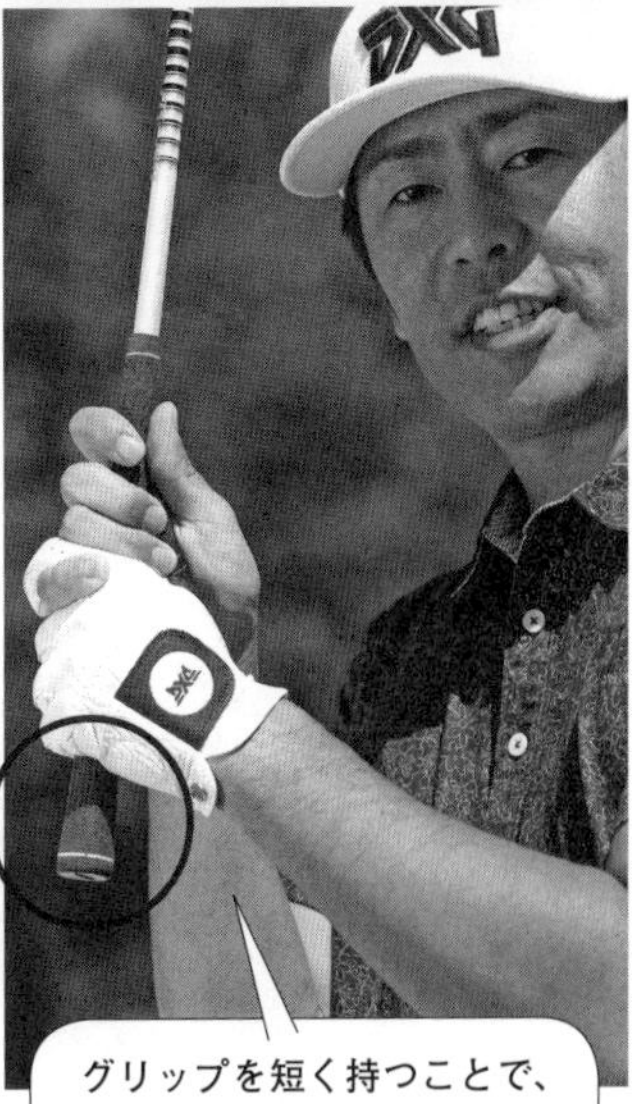
グリップを短く持つことで、狙った距離よりも飛びすぎない保険をかけられる

ボール位置と振り幅と番手の組み合わせ

ボール位置と番手の選択肢を組み合わせるだけで、スイングを変えなくても距離のバリエーションは膨大になる。コースで応用しやすいのは、こういったシンプルな工夫だ

狙う距離に〝厚み〟をもたせて考えよう

前述のような距離の微調整ができるようになると、コースでピンを狙っていく場合にも、狙う距離に「厚み」をもたせることができるようになります。具体的には、たとえば**65ヤード先のピンに対して、ピンポイントに「65ヤード」を狙うのではなく「65ヤードまで」とか「65～75ヤード」というようなゾーンで考える**ということです。

たとえば、ピンまで65ヤードで、強い受けグリーンでピンよりも奥にはつけたくない状況だとします。このときわずかなアゲンストだったなら、70ヤードのスイングをベースにボール位置を少し左にして、さらにグリップを少しだけ短く握る。そうすれば「最大で65ヤード、ショートしてもOK」という狙い方ができます。別のケースとして、同じ65ヤードでも、2段グリーンの上の段の手前にピンがあり風がフォロー気味なら、ボール位置を右寄りにして60ヤードのスイングをすれば、奥の段に乗せる計算ができます。これを**スイングではなく、ボール位置や番手で調節するのが、コースで成功する秘訣**なのです。

受けが強いグリーンは手前側に“厚み”

70ヤードのスイングをベースに、ボールを左に置いて高い球をアゲンストにぶつけ、さらにグリップを短く握れば、65ヤードのピンをオーバーさせることなく狙える

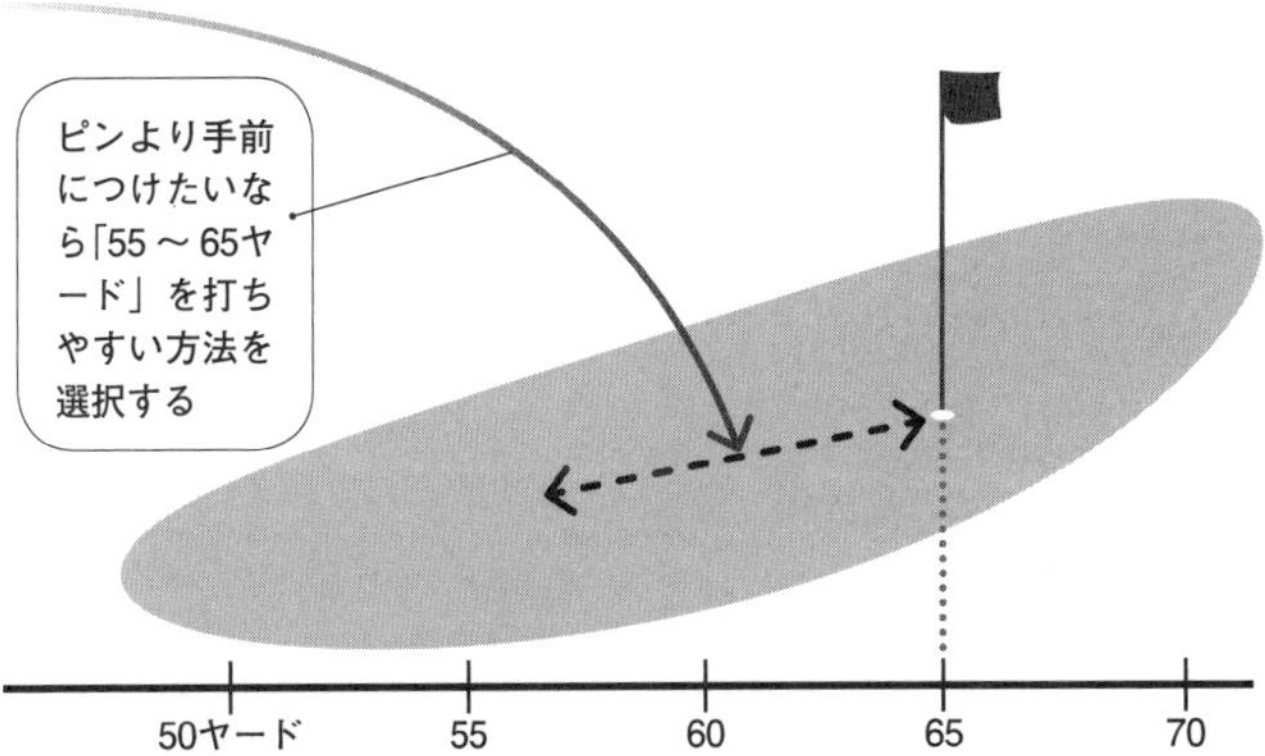
ピンより手前につけたいなら「55～65ヤード」を打ちやすい方法を選択する
50ヤード
55
60
65
70

2段グリーンならピンがある段に“厚み“

60ヤードのスイングをベースに、ボール位置を右寄りにし、フォローの風を計算して打てば、上の段に乗せられるし、バックスピンで戻る危険も減らせる

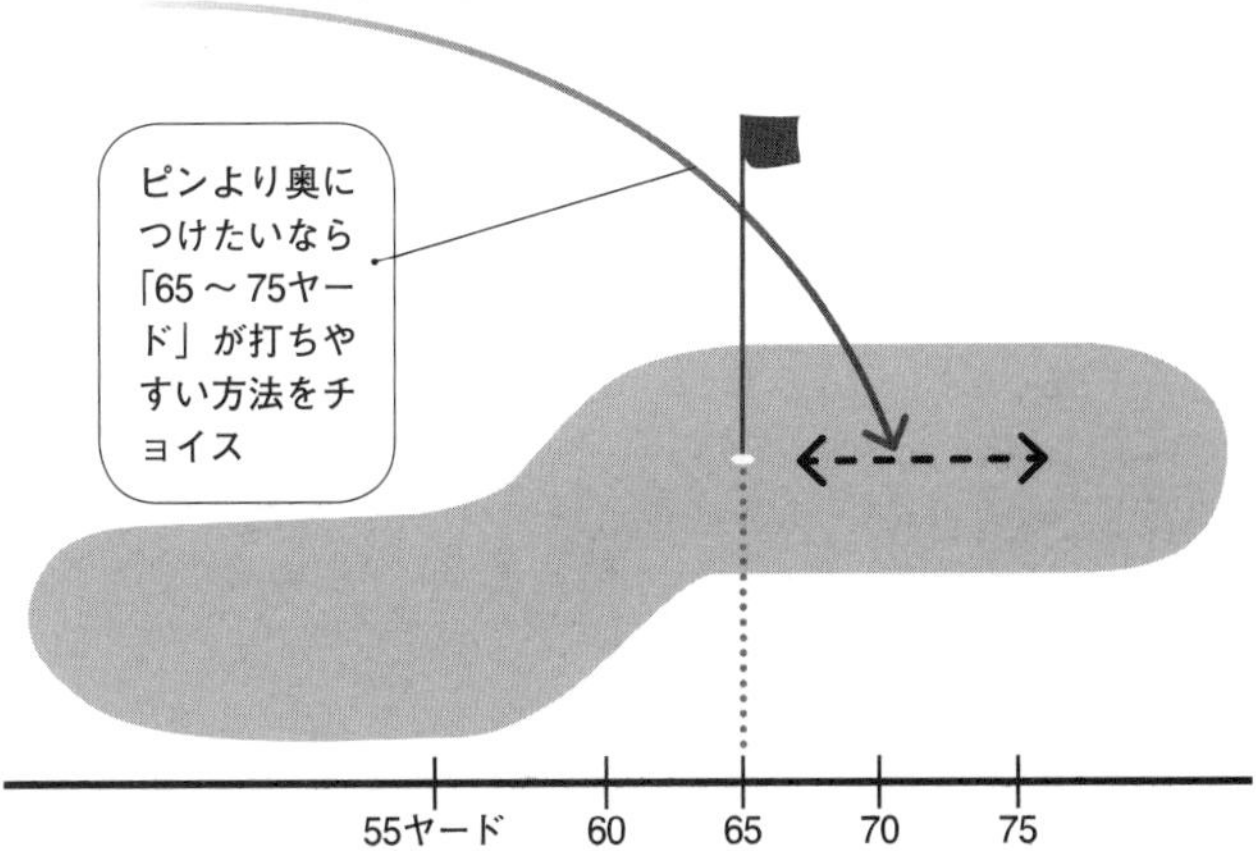
ピンより奥につけたいなら「65～75ヤード」が打ちやすい方法をチョイス
55ヤード
60
65
70
75

ロブショットはフェースを開いても芯に当てる技

アプローチの打ち方のバリエーションについても、少し説明しましょう。

硬く締まった砲台グリーンを攻める場合や、グリーンの手前側に切ってあるピンをラフやバンカーを越して狙いたいときなどに有効なのが、ロブショット。**ボールをフワリと高く上げることでボールの落下角度を鈍角にし、ランを抑えて止める高等技術**です。

ボールを上げるには大きなロフトが必要ですが、ＳＷのロフトをさらに開いて60度以上にして打つとなるとフェースとボールの接点がとても狭く、芯に当てるのは至難です。

ですから、**ロブショットを成功させるうえで考えるべきことは、フェースを開いた状態でボールを芯でとらえるにはどうすればいいいか**。フェースを開いて構えてみればわかりますが、その状態からカットに振ったのではネックが邪魔になります。少しインサイド・アウト軌道を意識し、アドレス時以上にフェースが開かないように注意しながら、フェースにボールを乗せて運ぶイメージをもちましょう。

フェースを開いて
さらにカットに振
ったら、ネックに
当たってシャンク
しやすい

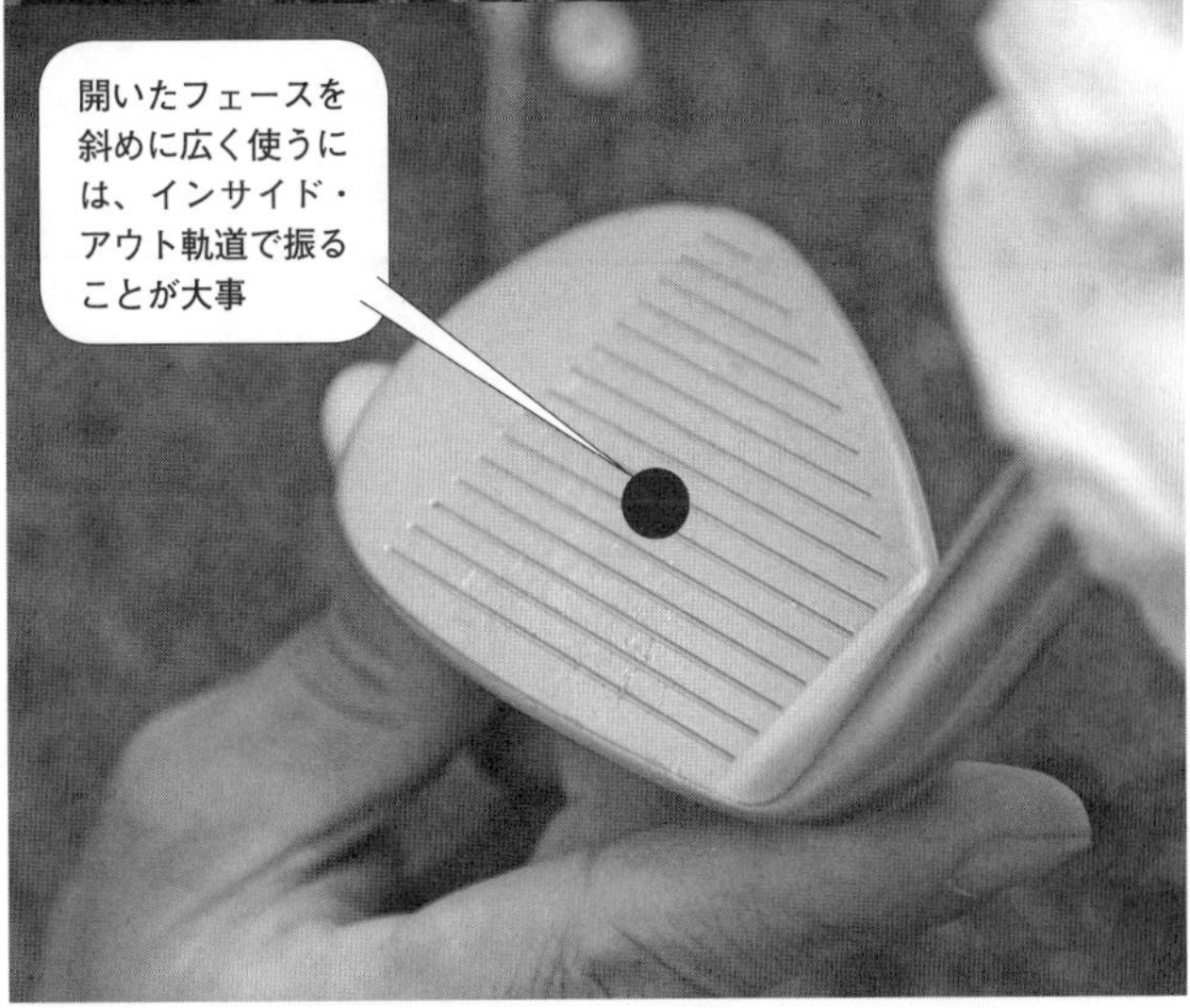
開いたフェースを
斜めに広く使うに
は、インサイド・
アウト軌道で振る
ことが大事

蛇口をひねるようなリストワークがカギ

第3章でも説明しましたが、スイング中にフェースを開く動作は、ダフリやシャンクの原因になるので厳禁です。フェースを開いて使うロブショットでもそれは同じ。**アドレスの段階でフェースは開いておきますが、それ以上に開きながら打つわけではありません。**しかし、ロフトを立てるようなフェースローテーションをしてしまうと、やわらかくフワリとした球は打てません。そこに工夫が必要なのです。

ロブショットでは、ストロンググリップで、重心を下げてハンドダウン気味に構えるのがポイントですが、こう構えると左手は手の甲が上を向くようなグリップになります。この**左手を、水道の蛇口をひねるようなイメージで外旋させながらスイングする**のです。

ボールを上げるためには、ボール位置はかなり左にセットし、スイングの最下点より先で少しアッパーにとらえる必要があります。そのため、**ボールが浮いているライでしかできないテクニック**であるということを忘れないでください。

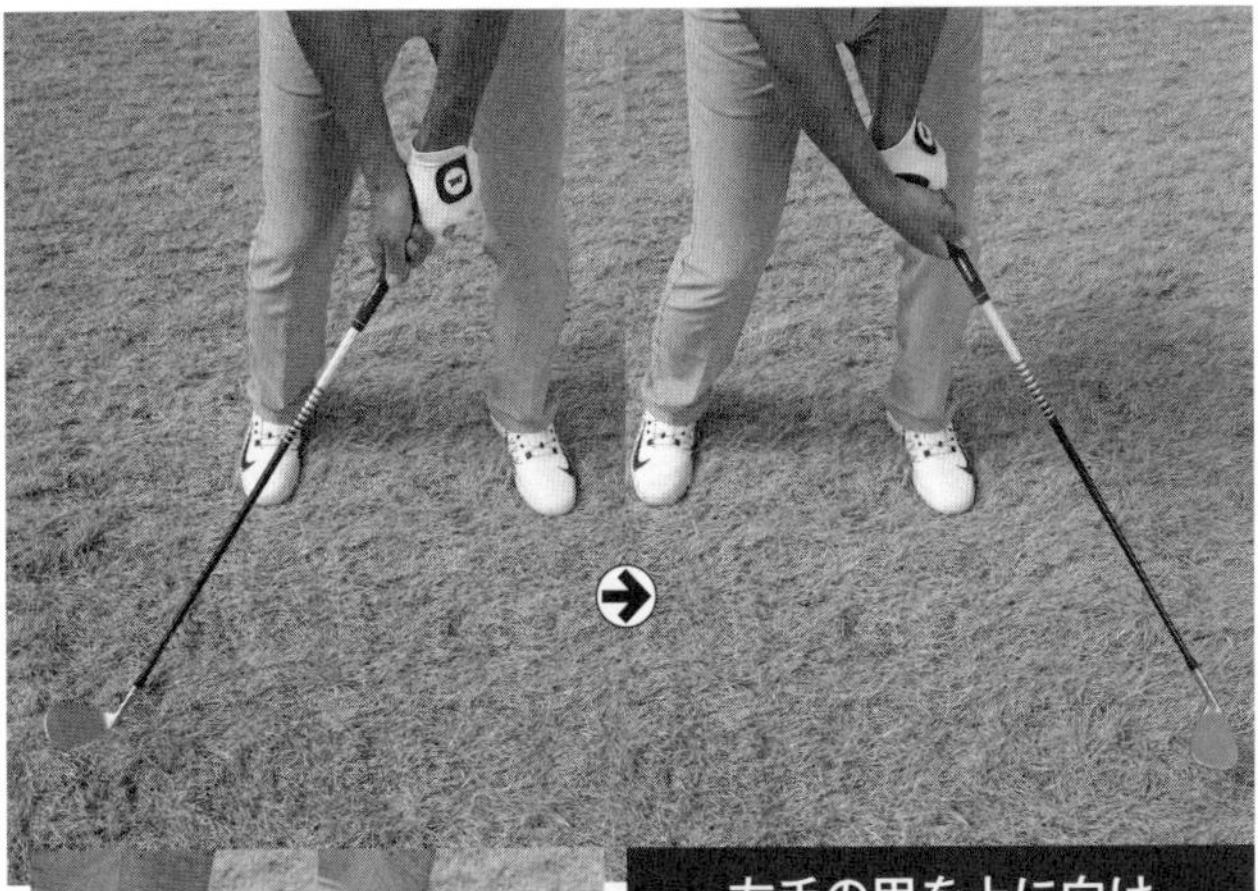

左手の甲を上に向け前腕を外旋させる

左手を蛇口をあけるときのように外旋させることで、あまりロフトを立てずにフェースローテーションする。ヘッドを走らせることで、ヘッドスピードを上げてボールを上に飛ばす

フェースを開いてボール位置は左

重心を下げ、フェースを大きく開いて、そのぶん少しオープンスタンスで構える。ボール位置はかなり左寄り。この構えから少しインサイド・アウトのイメージで振り抜こう

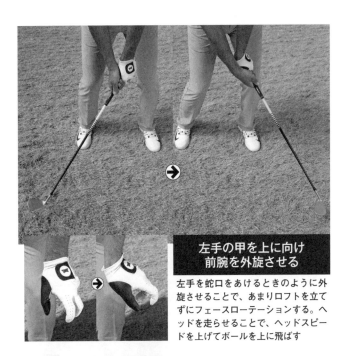

ロブショット
インサイドから思い切って振り抜く

カットの軌道にならないように、インサイドからボールをとらえるイメージ

思い切ってヘッドを走らせながら、少しハンドレートでボールをとらえる

手打ちにならないようにフィニッシュまでしっかりカラダを回転させる

重心を下げてボール位置を左に寄せ、フェースを大きく開いて構える

コックを使ってバックスイング。手元を低く、ヘッドを高く上げよう

フェースを開いてボールを上に飛ばすぶん、トップはかなり大きくなる

リスクが少なく実戦で役立つ「ハーフロブ」

ロブショットは、インパクト前後でヘッドを思い切って走らせてヘッドスピードを上げることでボールを上に飛ばしていくので、そのぶん振り幅が大きくなり、難易度が高いうえにミスした場合に大オーバーしたり、ヘッドがボールの下をくぐってしまうなどのリスクがあります。ですので、特別高い球が必要な場合や、ラフに負けないようにヘッドスピードを上げなければならない場合以外は、あまりおすすめできない打ち方です。

実際にコースで**高めの球が必要な場合は、ボールの高さはロブショットほど上がらないけれど、やさしく打ててリスクの少ない「ハーフロブ」がおすすめ**です。

ハーフロブは、**ロブショットほどヘッドを走らせずに、振り幅も抑えてマイルドに打ちます。**ボールを少し左寄りに置き、フェースを開いて構えたら、あまり手首のコックを使わずにスイングし、ややハンドレート気味にボールをとらえてボールを上げます。やはりカットに振らず、ヘッドを目標方向に真っすぐ出していくイメージをもちましょう。

ボールを左に置き、フェースを開いて少しハンドレートにボールをとらえる

フェースを開いたまま真っすぐ振る

ロブショットほどボールは上がらないが、振り幅が小さめでヘッドスピードも上げないので、リスクが少ないのがハーフロブのメリット。ほとんどの場合はこれで事足りる

コックをあまり使わず、インサイド・アウト気味にヘッドを真っすぐ出していく

ハーフロブ
フェースを開いてコックを抑えて振る

少しインサイドからヘッドを入れ、最下点の少し先でボールをとらえる感覚

ややハンドレートにボールをとらえ、フェースローテーションを抑えて振っていく

フォローはあまり大きく振り抜かず、トップよりもフィニッシュが小さくてOK

ロブショットより
スタンス狭め、ボ
ール位置は少し
中、フェースの開
きも抑えめ

あまり手首のコッ
クを使わずに、肩
の回転でバックス
イングを上げてい
く

トップはロブショ
ットより小さめ。
切り返しで打ち急
がないように注意
しよう

ベアグラウンドではネックとバウンスを消そう

コースで遭遇する困った状況の1つに、ベアグラウンドや硬い地面があります。フェアウェイであれラフであれ、芝の上ならばボールは芝の葉の上に乗っているので、ボールの下に若干の空間があります。そのためウエッジのバウンスは、ソールを滑らせてダフリを防いだり、ヘッドが深く潜りすぎるのを防ぐなど本来の機能を発揮できます。しかし、硬いベアグラウンドはボールの下に一切スペースがないので、バウンスはボールをクリーンに打つための邪魔にしかなりません。そのため、ベアグラウンドから普通にアプローチしようとすると、ソールが跳ねてトップするなどのミスのリスクが急増します。

とくに邪魔になるのが、ソールのヒール側のバウンスです。ベアグラウンドからうまく打つためには、この部分をどうやって消すかがカギになるのです。ポイントは**ハンドファーストに構えて実効バウンスを減らすことと、ボールに近く立ちハンドアップにしてヒール側を少し浮かせる**ことです。

ハンドファーストに構えると、バウンスの出っ張りが緩和され、刃が浮きにくくなる

ボールに近くハンドアップに構えることで、いちばん邪魔なヒール側を浮かせる
やや左足体重で立って体重移動を抑え、トウ側下めでボールをクリーンにとらえる

傾斜への対応は最下点のコントロール

コース内では傾斜したライからもうまく打つ技術が求められますが、**傾斜地であっても、基本的な考え方は「どうすれば芯でボールをとらえられるか」**という点に尽きます。

左足上がり、左足下がりの傾斜でボールを芯でとらえるためには、ボール前後の地面が障害になります。左足上がりではフォローでヘッドが突っかかりますし、左足下がりではボール手前の地面にヘッドが当たればダフってしまいます。そのようなミスを防ぎ、**傾斜地からでも芯でヒットするために重要なのが、最下点のコントロール**です。左足上がりではボールの手前に、左足下がりではボールの先に最下点がくるようにスイングするのです。

その最下点の位置を調整するためには、インパクトゾーンの軌道、つまりクラブパスを意識することがポイントです。**スイングの最下点は、インサイド・アウト軌道で振るほど手前に、アウトサイド・インで振るほど先にきやすくなる**特性があります。それを考慮した構えをつくることが、傾斜地攻略のカギなのです。

左足上がり

最下点がボールの手前になるようにインサイド・アウトに振る

左足上がりは傾斜に対して右を向き、インサイド・アウトのクラブパスをつくることで、最下点をボールの手前にもってくる

インサイド・アウト

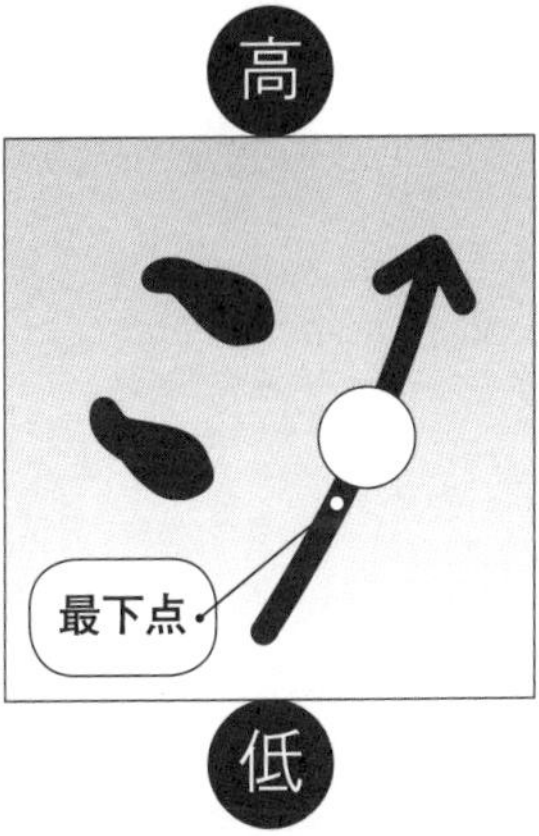

左足下がり

最下点がボールの先になるようにカット軌道で振る

左足下がりは傾斜に対して左を向き、アウトサイド・インのクラブパスをつくると、最下点がボールの先にきてダフリにくい

アウトサイド・イン

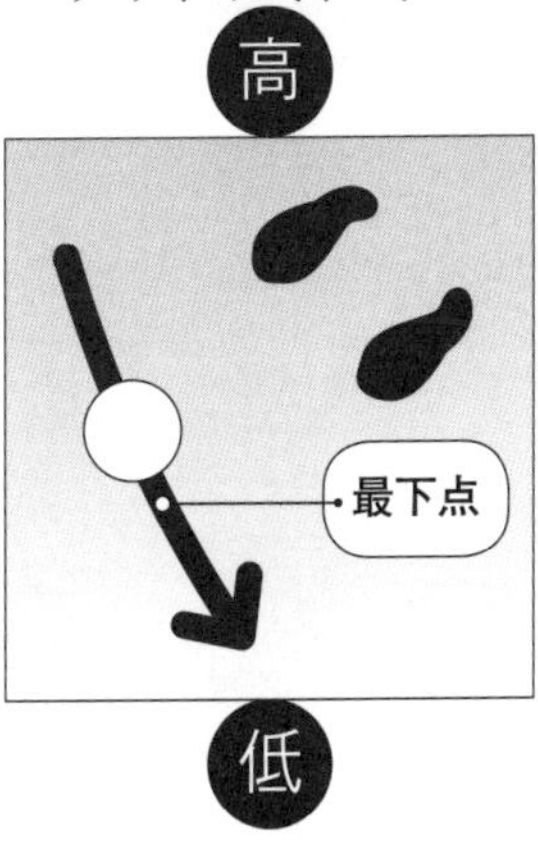

左足上がり

カラダの回転が止まると引っかかるので、狭めのスタンスで構え、回転しやすい状態をつくる

右足体重で立ち しっかり回転して打つ

軸が右に傾きすぎないように注意

右足１本で立てるバランスで構える

目標よりも右を向いて構え、ややインサイドにヘッドを低くバックスイング

フェースの開閉を抑え、ややアウトサイドにフォローを出していく

左足下がり

ヘッドを外に上げて フォローを低く出す

最下点をボールの先にするために、カット軌道で振りやすいアドレスをつくることが大事

邪魔にならないように右足を引く

左足1本で立てるバランスで構える

斜面にヘッドが引っかからないように、コックを使ってヘッドを高く上げていく

フォロースルーは低く出し、カラダの回転と一緒に左方向に振り抜いていく

ツマ先上がり・下がりはライ角をコントロール

ツマ先上がり、ツマ先下がりの傾斜においても、基本命題はボールを芯でミートすること。しかし、ウエッジのソールにはトウ・ヒール方向に丸みがついているので、ソールを斜面にピッタリ沿わせる必要はありません。フェアウェイやラフなど芝の生えているライでは、ボールが少し浮いているぶん、それほどソールが邪魔にならないのです。**ツマ先上がりではソールのトウ側が、ツマ先下がりではヒール側が地面に軽く触るような感じ**で構えるのがポイントです。

ソールを斜面に沿わせようとするあまり、ツマ先上がりでハンドダウンに、ツマ先下がりでハンドアップにしすぎると、ヒッカケやプッシュのミスが出やすく、距離や方向性をコントロールしにくくなります。スイングも同様で、**ツマ先上がりだからといってフラットに振ろうとしたり、ツマ先下がりだからといってアップライトにしすぎるのは、球が曲がって精度を損なう原因になるのでやりすぎは禁物**です。

ツマ先上がり

スイングがフラットになりすぎないように、クラブを少し短く持ってボールに近く構える

クラブを短く持ってボールの近くに立つ

トウ側のソールを接地させ、フェースも軌道もスクエアをイメージ

ツマ先下がり

ヒザを曲げて手元を下げて構えるが、バックスイングの邪魔にならないよう右足を少し引く

ヒザを深めに曲げて右足を少し引いて立つ

ヒール側のソールを接地させ、フェースも軌道もスクエアでOK

ボールにスピンをかけるにはハンドファーストに払い打つ

プロや上級者が駆使するバックスピンをかけたアプローチは、難易度は高いですが身につければ硬いグリーンや下りの傾斜でもボールを止められる強力な武器になります。

ショートアプローチでボールにスピンをかけるには、**インパクトでボールとフェースの接触時間を長くすることと、ヘッドスピードを上げる**ことが必要です。そのためには、カット軌道で振るのではなく、**低く長いインパクトゾーンで払うように打つ**ことがポイントになります。インパクトゾーンでは、**ハンドファーストのままシャフトが平行移動するように振り抜いていく**のです。手打ちになると長いインパクトゾーンはつくれませんので、手元とカラダを同調させ、カラダの回転速度を上げることでスピードを出します。

アドレスではボールを右寄りに置き、フェースを開きます。そしてロフトを立てるようなフェースローテーションで、フェース面を斜めに使ってボールを押し込むイメージです。カラダをしっかり回すため、フォローは少しインに抜く感覚があってもいいでしょう。

ロフトを立てるように使いながら、ハンドファーストのまま押し込んでいく

シャフトが平行に移動するイメージ

手先の動きでスイングせず、手元と体を同調させカラダの回転で低く左に押し込むように振り抜くことで、スピードを上げる

スピンアプローチ
フェースを開いてヘッドを低く動かす

手首の角度を保ってハンドファーストに、ヘッドを低い位置から入れる

ヘッドを低く長く、掃くように押し込んでフェースにボールを乗せる

カラダをスピーディに回転させ、フィニッシュまで一気に振り抜いていく

ボール位置は右寄り、フェースを少し開いてハンドファーストに構える

ヘッドも手元も持ち上げず、手先を使わずに低くバックスイングする

ヘッドスピードを上げるため、しっかり捻転されたやや大きめのトップ

バウンスの圧力で砂とボールを飛ばすのがバンカーショット

バンカーショットの打ち方は、いろいろなプロが自分の経験に基づく印象でいろいろな表現をしているので、意外に「本当のこと」を知らないアマチュアがたくさんいます。バンカーショットのレベルを上げるには、まず、**インパクトで何が起こっているのか、何が正解なのかを正しく理解すること**がとても重要だと思います。

よくバンカーは、「上からV字に打ち込め」と言われますが、それは正しくありません。バンカーショットは、左ページの図のようにウエッジのバウンスがボール手前の砂を押しのけ、その圧力で砂と一緒にボールが飛びます。そのため、上から鋭角に打ち込んでしまうとヘッドが砂に潜ってしまい、砂の圧力がボールを飛ばす方向に作用しないのです。ですから、**バンカーショットはゆるやかな入射角で打つのが正解**。

だとすると、ウエッジのバウンスが砂に接地するのは、一般的に言われている**「ボールの2〜3センチ手前」ではなく、もっとずっと手前、4〜5センチ手前が正解**なのです。

砂を前に飛ばすためには、ゆるやかな入射角でソールはかなり手前に接地する

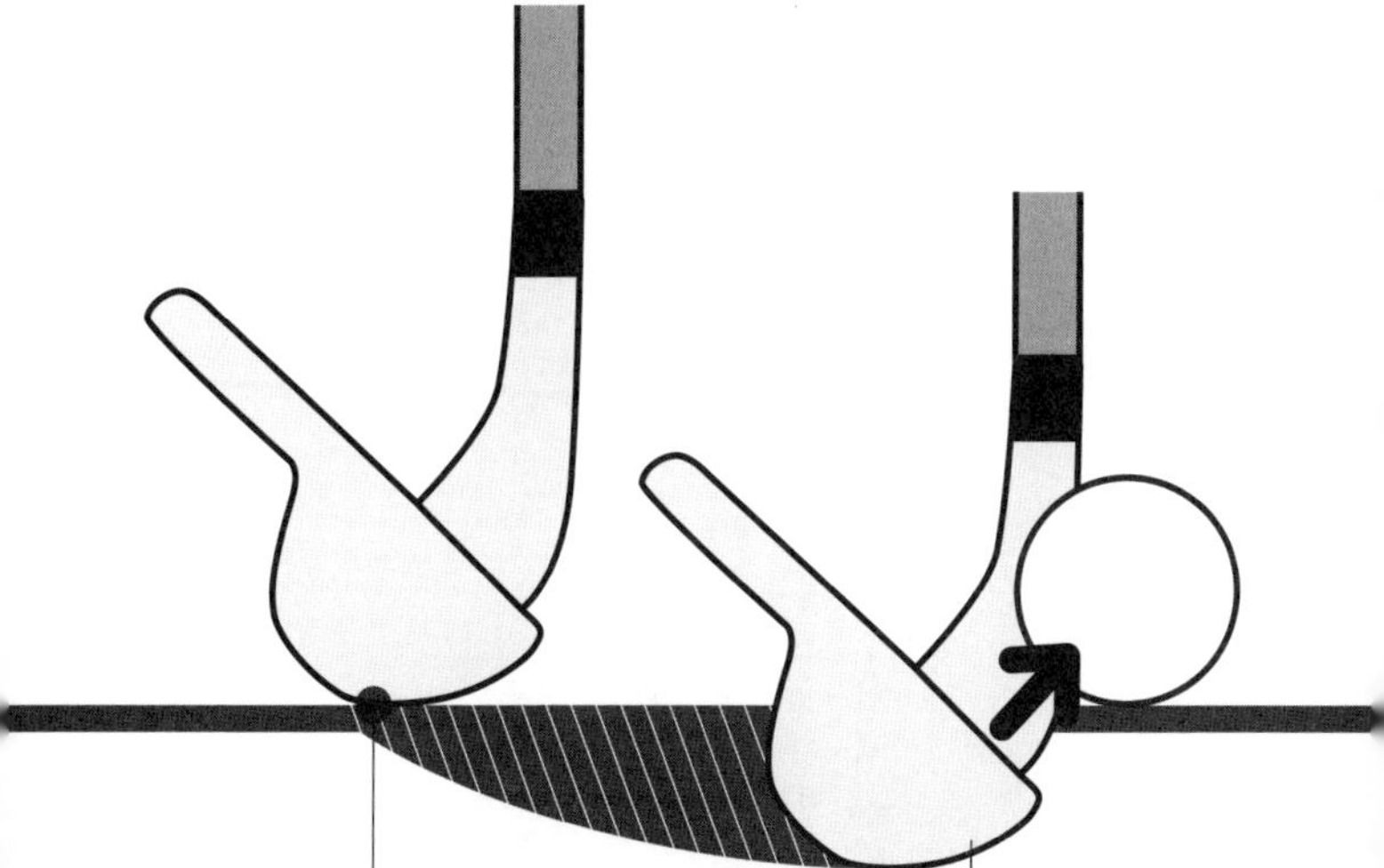
バウンスが、ボールの手前から下あたりの砂を目標方向に押し沈めていく
押し込まれた砂が、爆発するように目標方向に飛び、ボールも飛ばす

バンカーショットも少しインサイド・アウト軌道

バンカーショットもゆるやかな入射角で打ちたいと言いましたが、そのためには**スイング軌道もややインサイド・アウトにするのが正解**です。

従来のレッスンでは**「バンカーはカットに振れ」と言われたりもしましたが、それは間違い**です。バンカーでは、バウンスを使うためにフェースを開いてオープンスタンスで構えるので、目標に対しては左方向に振る場合があり、それを指して「カット」と表現されたのかもしれませんが、カラダに対してカットに振ってしまうと、入射角が鋭角になり、砂をうまく前に飛ばせません。バンカーが苦手だという人は、「上からカットに打ち込む」という意識を捨てるところから始めてみてください。

フェースは、バウンスを使うために少し開いてもいいですが、バウンス角の大きいウエッジを使っている人は、開く必要もありません。**スタンスもあまりオープンにせず、スクエアを基準に考えたほうがやさしく脱出できます。**

上から打ち込むとヘッドが潜ってしまうので、インからシャローに入れたい

ボール位置は左寄り。足をしっかり埋めて安定させ重心を下げて構える

あまりフットワークを大きく使わず、ヨコ回転のイメージでスイングする

バンカーはカットに振るというのはウソ

ゆるやかな入射角でヘッドを入れるために、スイング軌道はややインサイド・アウトにしたい。アウトサイド・イン軌道で上から打ち込んでしまうとヘッドが砂に深く潜ってボールを前に飛ばせない

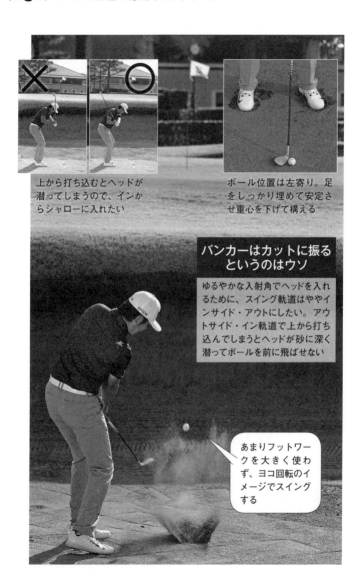

バンカーショット
シャローな軌道で手前から接地

上から打ち込まず、ゆるやかな入射角でボールの手前にヘッドを入れる

インパクトはベタ足。あまり左に振っていかずに、砂を前に飛ばす感覚

フィニッシュまでカラダの回転を止めずに、しっかりと振り切ろう

ボール位置は左寄り、ハンドファーストにしすぎず、重心を下げて構える

カラダをしっかり捻転させて、ややヨコ回転のイメージでバックスイング

砂と一緒にボールを飛ばすぶん、アプローチよりも振り幅はかなり大きい

ウエッジ
あれ
これ
3

AWの上手な選び方

ウエッジ選びでは、SWなどのいちばんロフトが多いモデルを重視し、AWは無頓着にそれと同じモデルにしている人も多いですが、少しもったいない気がします。

SWをボールを上げるウエッジとするならば、AWはピッチ&ランやショットでの使用がメインになるので、フェースを開いたりバンカーで使うことは少ないはずです。

となると、あまり大きなバウンスは邪魔になりますし、構えやすさの基準もSWとは違ってきます。AWに苦手意識のある人やなぜかミスが多いと感じている人は、少しグースネックやリーディングエッジが直線的なものなど、アイアンに近い形状のものに替えてみるとよいかもしれません。アイアンセットのAWも意外にやさしいですよ。

AWの使い方や必要とする機能を見直してみよう

第6章 ウエッジワークのマネジメント

スコアの「平均値」を上げるための必須科目

最終章となる第6章では、ウエッジゲームのマネジメントについて少しお話ししたいと思います。

マネジメントは地味ですが、スコアメイクに欠かせないとても重要なテクニックです。

しかし、アマチュアゴルファーのプレーを見ていると、多くの場合、技術的なレベルよりもマネジメントのレベルのほうが低い人が多く、ボールを打つ技術を磨くよりもマネジメントを磨いたほうがスコアアップに直結するケースが多いように感じます。

マネジメントの役割は、1発のチップインを生んだり、ピンに寄る確率を高めるものではありません。1日のラウンド全体を通してであったり、数ラウンド、何カ月といった長期的なスパンで見たときのスコアの**平均値を上げるものであり、どちらかというと大叩きの確率を減らすために大きな効果を発揮します。**

というのも、単発のミスそれ自体は技術的なものですが、大叩きというのはミスがミスを呼ぶ連鎖の結果起こるもので、多くの場合、最初のミスに対して何のリスクマネジメントもしていないことが原因です。**ミスを防ぐのはむずかしいですが、ミスした場合の傷口を小さくすることはできます。それがマネジメントの役割なのです。**

実際、ゴルフにおいてスコアを崩すときは、多くの場合ボールを打ったときの**ミス自体よりも、ミスしやすい場所にボールを飛ばしてしまうことのほうが問題が大きい**のです。砲台グリーンのエッジのすぐ先にあるピンに寄せられないのは、むずかしいアプローチをうまく打てずにピンをオーバーさせてしまうこと以前に、砲台グリーンのピンに近いサイドに外してしまうこと、さらに言えば、そこに外す可能性が高い狙い方をしたことのほうが重大な問題だということです。

アプローチでのマネジメントは、実はロングショットの場合以上に重要かもしれません。なぜなら、**アプローチは打つ距離が短くピンが近いゆえに、大きなミスの可能性から目をそらし、ピンにしか目が行かなくなってしまうケースが多い**からです。みんな最高の結果ばかり考え、最悪の状況を想定しません。だから、カップまで残り30ヤード地点まで来ておきながら、そこから4打、5打という大叩きをしてしまうのです。

マネジメントは、考え方を理解し、頭の中を切り替えた瞬間から効果を発揮します。即効性のある手っ取り早い上達法ですので、ぜひ、しっかりと身につけてください。

何打であがりたい？何打もあり得る？

マネジメントというと、「どこを狙うか」という判断が根幹にあるという印象をもっている人が多いかもしれませんが、その判断はマネジメントのプロセスの最終局面の問題で、最初に考えるべきことは、そうではありません。

私がアマチュアの生徒さんやジュニアゴルファーなどをラウンドレッスンする際に、アプローチの場面で最初に問いかけるのは「このアプローチ、どう思う？」という質問です。もっとわかりやすく言えば「ここから何打であがりたいか？」ということ。

そうすると、ボールのライやピン位置などを見て「できれば2打であがりたい」とか「寄らなさそうだから3打で上等」などという返事が返ってきます。しかし、この答えは自分の技術や状況を判断して、ほぼベストと思われる結果を想定した答えですが、いわば「ピンだけを見ている」考え方で、これだけではマネジメントとしては0点です。

多くのアマチュアは、ここまでの思考でプレーしてしまうのですが、私はそこで続けてもう1つ質問をします。それは**「最悪の場合、何打もあり得る?」**という問いです。すると、「左奥のバンカーに入れたら1発で出なさそう。そうしたら5打以上打つかも」とか「トップして大オーバーしたら6もあり得る」などという答えが返ってきます。それに気づくと、「ミスしても花道なら3であがれる可能性が残る」とか「左のバンカーだと5打もあるけど、右のバンカーなら3打で済むかも」などというように、どんどんほかの状況が想定できるようになります。急にピン以外の部分まで視野が広がったのです。

そこまでわかれば、「どこを狙えばいいか」はハッキリしてきます。実際は、これに現在のスコアや自分の調子などのさまざまな要因を絡めて最終判断をするのですが、「6がイヤなら左奥のバンカーに入れたりグリーン奥には外さないように、絶対ピンをオーバーしないように打とう」とか「右のバンカーは入れても仕方がないと割り切って、寄せワンを狙ってピンの右に打って行こう」という判断ができるようになります。

大叩きを防ぐマネジメントとは、**こういったさまざまな状況を想定して、「できれば2打」という狙い方ではなくて「5や6を打たないように」という狙い方をチョイスすること**。このリスクマネジメントなのです。

マネジメントに必要なのは、この視野の広さと想像力です。そのためにも**「ここからの打数」を想像する習慣をつけてください。**

最高なら「1」がある。でも「5」もあり得る

最高だけでなく最悪も想定する

アプローチをする前に、「ここから何打であがる可能性があるか」を考える。ベストだけでなく最悪の場合も想定することで、何がＯＫで何がＮＧかがわかる

アプローチはパー3のティグラウンドだ

アプローチをする際にベースとなる考え方は、**「そこから3打以下であがるにはどうすればいいか」**です。アプローチが残るということは、パー3、パー4であればどこかで1打ミスをしてパーオンしなかったということ。寄せワンのパーが獲れればベストですが、ボギーでも仕方がない状況です。無理に寄せワンを狙うと大きなミスの危険もあります。

ですので、基本的にはそこから3打であがってのボギーならOK。無理をせず、1オン2パットの3打で収めるためにどうすればいいかを考えてください。結果的にうまく寄ったりファーストパットが入って「2」であがれればラッキーです。欲張ってピンをデッドに狙って3パットしてしまうことは避けたい。ライがむずかしくてミスしそうなら、2オン1パットでもいいのです。

もしアプローチにたどり着くまでに**OBを打ったり、2、3打のミスをしていても考え方は同じ。**そこまでのことは忘れて、新しいパー3が始まると割り切ることが大事です。

1オン2パット
で考える
EPSON
むずかしければ2オン
1パットでもOK

まず考えるのは「何ができるのか」

ここまで説明したマネジメントの考え方は、あくまで頭の中での想像ですし、結果の想定でしかありません。実際にどうやってアプローチするかを判断するうえでは、「どう打つか」という過程の想定も必要です。

ですので、**実際にボール地点で最初にすることは、ボールのライとグリーンの状況を把握して、「何ができるか」を判断すること。**ボールを上げられるライなのか。転がすしかないのか。スピンはかけられるのか。傾斜はどうなっているか、グリーンの硬さや速さはどうか。落としどころはどのくらいの許容範囲があるのか。「ピンをオーバーしないように狙おう」と思っても、グリーンが硬く下っていて、ピンが手前に切ってあったら、よほどのミラクルショットでなければうまく寄せて2打であがることはできません。

大事なのは状況判断と、自分の実力を正しく評価すること。どんなマネジメントも、これができていなければ机上の空論にしかならないのです。

このライから
自分の技術で
「できること」は何か
を判断する

状況と力量を正しく判断する

「ここから2打であがりたい」と思っても、ライやピンまわりの状況、そして自分の技量でそれが可能でなければ机上の空論でしかない

起こり得るミスを事前に想定しておく

アプローチの場面では、「何ができるか」の判断に加えて**「ミスしたときにどうなるか」の予測も非常に重要です。**

たとえば、グリーン奥の左足下がりのライからピンに寄せるために、スピンアプローチを打とうと思ったとします。状況から判断して、ミスするとしたらダフリで、ダフってもボールが傾斜を転がってグリーン手前まで行ってくれる可能性が高く、大叩きの危険性が少ないのであれば、仮にスピンアプローチの成功率が5割程度だとしても挑む価値があるかもしれません。反対に、みっちり練習してロブショットを8割方成功できる腕前だったとしても、ミスしてトップやオーバーしたら奥の池やOBに入ってしまう可能性が高いとしたら、それはあまり賢いチョイスだとは言えないでしょう。

状況や自分の腕前をきちんと評価できていても、100%成功する打ち方などありません。だからこそ、**起こり得るミスのパターンやその確率を想定することが重要**なのです。

トップしたら
奥のむずかしい
バンカー
EPSON
ダフっても
グリーンオンか
花道のいいライ

頭の中で考えていることを声に出して打つ前に整理する

実際にボールに向かってアプローチする際には、ここまで紹介してきたような判断材料が山のようにあり、混乱してしまう場合もあるかもしれません。

そんなときに**頭の中を整理するには、自分の狙いややるべきことを実際に口に出して言ってみるといい**かもしれません。頭の中に漠然と漂っていた情報も、口に出すことで明確化しやすく、それによって判断をスムーズに行えるようになります。

まずは、目で見たり感じた情報を口に出してみます。「ボールは浮いているな」「ピンまでは7ヤード」「ちょっと上っているな」「落としどころはエッジとピンの中間」などなど。口に出すことによって、「ライはいいからダフリの心配はないな」「上りだからちょっと強く」というようなことが無意識にインプットされていきます。そして1、2つだけ、打ち方の注意点など「やるべきこと」も口に出してみましょう。これによって**不要な情報は頭から消え、やるべきことに集中して打つことができます。**

ピンまで
7ヤードの
少し上り
噛んでも
いいけど
トップはダメ
エッジと
カップの
中間に落とす
フェースを
ちょっと開いて
払い打つ
カップ際で
ちょっとだけ
左に切れるぞ

結果のハードルを1段階下げよう

アマチュアの悪い傾向の1つに、「ベストの結果」を狙いすぎることがあります。前述のマネジメントとも共通しますが、**最高の結果ばかり狙っていては大きなミスも出やすく、結果として平均点を上げていくことにつながりません。**

できれば、**意識的に1ランク下の結果を狙ってプレーしてみてください。**最高のミラクルな結果は出ないかもしれませんが、大きなミスは確実に減りますし、「結果オーライ」で狙いよりもいい結果が出ることもあります。

グリーンエッジからのアプローチもカップばかり狙わず、1ピンでOK。少し距離があれば「乗れば上等」。そのほうが**自分へのプレッシャーが減ってミスも減りますし、相対的に「成功」というポジティブな結果が増える**ので、プレーのなかで流れを引き寄せることにもつながります。ベタピンばかり狙っていたのでは、仮にそこそこのところに乗っても「ミス」ということになり、精神衛生上もよくありません。

最高
カップとエッジの中間に落としてベタピンにつける
期待値を1段階下げる
まあまあ
とりあえずグリーンに乗ればOK

考えるステップをオートマチック化しよう

ここまでいろいろな考え方を説明してきましたが、こういった**思考プロセスは、ボール地点に行ったら自動的にできるようにルーティン化したい**。そうすることで、考えることに余計なエネルギーを使わず、きちんと考えていながらもスイングに集中し、エネルギーの多くを打つことのほうに回せるのです。

そのプロセスは、左のチャートのように、まず「何打？」という結果の推測と、ライやピン位置などの状況判断から始めます。それができると、現実的な選択肢がいくつかに絞られるはずですので、それぞれの場合の可能性と、ミスしたときのリスクを判断してください。そして、**自分の状況と照らし合わせて、そのどれを選ぶかを決めます**。いいスコアが出そうなのか、叩きたくないのか、もしくは練習と割り切るのか。どうしてもバーディが必要なら、無謀な攻めをすることがあってもかまいません。**大事なのは、ちゃんと理由のある判断をして、決めたことを実行することに集中すること**です。

思考プロセスの例

Q1
ここから
何打があり得る?

→ 寄せワンの「2」もあるけれど
アプローチをミスすると
「4」もある

Q2
状況は?

→ 短いラフに浮いていて
ライはいい
ピン位置は手前で
むずかしい

Q3
選択肢は?

→ プランA 58度のウエッジで
上げてピン手前に落とす
プランB 52度のピッチ&
ランでとりあえず乗せる

Q4
リスクと報酬は?

→ A は「2」が狙えるが
「4」もある
B は基本「3」。
「2」はあるが「4」はない

Q5
自分の状況は?

→ 現在16番ホール。
あがり3ホールで
2オーバーなら
ベストスコア

↓

ダボは打てない。プランBで行こう!

↓

**乗せること最優先のピッチ&ラン。
後はパッティング勝負だ!**

やることを決断したら信じて実行するだけ！

ボールを打つ前に、ルーティンにしたがって判断し**やることを決めたら、後はそれを信じて迷いなく実行すること**が大事です。

どんなに適切な判断をしても、ミスするときはミスをしますし、ミスを怖れて必要以上にあれこれ悩んでも、それはミスの可能性を増やすことにしかならず、成功の可能性を高めることにはなりません。

頭の中に「ダフりそう」とか「ヒッカケそう」というような迷いがあると、スイングする際にそれは悪い作用として表れます。それを防ぐためには、実際にボールを打つ際に、自分の決定を実行することだけに集中してください。ダフりそうなのであれば「ハーフトップでいいからリーディングエッジを赤道に入れる」とか、ヒッカケそうなのであれば、「フェースを返さずフィニッシュまで止まらず回る」といった感じです。**できるだけ少なくシンプルに、できれば1つか多くても2つくらいのことに集中**しましょう。

1つか2つのことに集中する

判断はアドレスに入る前に全部済ませて、スイングする際は1つか2つの「やるべきこと」に集中し、雑念を頭から排除しよう

フォローでヘッドを低く出していく！

マネジメントのプロセスが経験を血肉にしてくれる

しっかりとマネジメントし、自分で判断してプレーすることは、自分のプレーを明確にし、結果のフィードバックもより大きな意味をもつようになります。

たとえば、ロブショットでピンを狙った際に、ヘッドがボールの下をくぐってしまうミスが出たとします。漠然と打ったミスであればただのミスで終わってしまいますが、ライとピン位置を見て、リスクも判断して、やるべきことを決めて打ったうえでミスしたのであれば、ミスの原因がはっきりします。ライの判断を誤ったのであれば、スイングに問題はないのだから、次のチャンスでもライを正しく判断して同じように振ればうまくいくはずですし、反対にやるべきことを正しく実行できなかったのであれば、練習でそこを直していけばいいわけです。

マネジメントは、その日にいいスコアを出すためだけでなく、経験の価値を高め、上達の糧とするうえでも大きな意味があるのです。

ミスしても
成功しても
その「過程」が大事
しっかりマネジメントし、判断して打てば、結果だけでなく過程がハッキリするのでより濃厚で意味のある経験になる
「やるべきこと」はちゃんと実行できた。寄らなかったのはライの判断ミスだ
ヘッドがくぐって飛ばなかった。思ったよりもボールが浮いていたんだな

おわりに

本書を終りまで読んでくださった方は、ウエッジゲームでスコアを縮めるための考え方は概ね理解していただけたのではないかと思います。しかし、それをコースで実際に実行し、スコアップにつなげるためには、まだ2つのものが足りません。

それは、「練習」と「経験」です。

実際にどうやってボールを打つかという部分については、たくさんのボールを打ち、技術をカラダに染み込ませなければなりません。練習場でできないことは、コースではできません。振り幅と距離を確認しながら、地道にボールを打つ作業を繰り返してください。

本来、アプローチの練習は天然芝の上から、ラウンドで使うボールを使って練習するのがもっとも上達効率がいいのですが、残念ながら日本にはそういった環境が十分とは言えず、そうそう芝の上からアプローチができるわけではありません。

しかし、すべての基本になる小さな動きは、自宅のパターマットの上でも身につけることができます。たとえば、3ヤード程度の短い距離を、1ヤードキャリーさせて2ヤード転がす。ごく小さな振り幅を、同じ力感、同じグリッププレッシャーで、同じヘッドスピードで動かす。これこそがウエッジワークの基本中の基本です。

また、練習場でボールを打てるときは、それを20~30ヤードに拡大します。1球1球ターゲットを左右に変えながら、振り幅とキャリーの距離に集中する。この練習をキッチリやれば、アプローチの基本はしっかりと身につきます。逆に言えば、この部分にきちんと取り組まなければ、本書を読んでわかったことも、コースで発揮できないということです。

本書を読むだけでは身につかないもう1つのこと、「経験」は、自宅や練習場でも得られません。コース内で実際に試してみてどうだったのか、どんなミスがどんなときに出るのか。そういったフィードバックを積み重ねていくことが不可欠です。

そのためにも、コースではミスを怖れないでください。イチかバチかのギャンブルのようなプレーはしないことが大事ですが、それはあくまで勝負の世界でスコアを出すためのマネジメントとしての話。何事もやってみないことには経験になりません。やってみてうまくいったという成功体験は、上達するうえでは不可欠なものなのです。

もちろん、成功するに越したことはないのですが、失敗も大事な経験です。「失敗は成功の母」と言いますが、しっかりと考え、判断し、決断してプレーしたならば、1つのミスから得られるフィードバックはとても大きく、成功したときに勝るとも劣りません。

本書で得た知識と、練習場で鍛えた技術をコースで試し、自分の血肉にしていく。そういったステップを経て身につけたウエッジワークには、もっとも貴重で重要な「自信」が宿ります。そのときにはみなさんも、ウエッジ巧者になっているはずです。

最後になりますが、本書の出版にあたり多大なご協力をいただいたみなさんに、この場を借りて厚く御礼申し上げます。ありがとうございました。

石井　忍

著　者　**石井　忍**（いしい・しのぶ）

プロゴルファー。日本大学ゴルフ部を経て、1998年プロ入りし、翌年からツアーに参戦。2010年よりコーチに転身。プレイヤー経験を活かした、テクニックとメンタルを両立したレッスンにより、プロを中心とした多くのプレイヤーをサポートする。2011年、2015年の全米オープンにコーチとして帯同。現在はプロやトッププレイヤーのコーチングをはじめ、ゴルフ雑誌やインターネットなどのメディア活動、ジュニアゴルフトーナメントのアドバイザーなど多岐にわたり活動する。エースゴルフクラブ千葉、エースゴルフクラブ神保町を主宰。アマチュアに向けて、その経験を活かしたレッスン活動も展開している。

エースゴルフクラブ
千葉校　☎ 043-234-3636 ／神保町校　☎ 03-5217-5775
http://agc-tokyo.com/

ワッグルゴルフブック

アプローチ&バンカー自由自在《じゆうじざい》!
ザ・ウエッジ・バイブル

2017年5月30日　初版第1刷発行
2018年3月15日　初版第2刷発行

著　者……………**石井　忍**
発行者……………**岩野裕一**
発行所……………**株式会社実業之日本社**
〒153-0044 東京都目黒区大橋1-5-1 クロスエアタワー8階
電話（編集）03-6809-0452
　　（販売）03-6809-0495
http://www.j-n.co.jp/
印刷・製本…………**大日本印刷株式会社**

ISBN978-4-408-45645-4（第一スポーツ）